中国高新区发展

1988—2012

薛　强◎著

科学技术文献出版社
SCIENTIFIC AND TECHNICAL DOCUMENTATION PRESS
·北京·

图书在版编目（CIP）数据

中国高新区发展：1988—2012 / 薛强著. —北京：科学技术文献出版社，2023. 2

ISBN 978-7-5235-0035-4

Ⅰ. ①中… Ⅱ. ①薛… Ⅲ. ①高技术产业区—研究—中国—1988-2012 Ⅳ. ① F127.9

中国国家版本馆 CIP 数据核字（2023）第 028260 号

中国高新区发展：1988—2012

策划编辑：刘 英　责任编辑：张瑶瑶　责任校对：王瑞瑞　责任出版：张志平

出 版 者　科学技术文献出版社
地　　址　北京市复兴路15号　邮编　100038
编 务 部　（010）58882938，58882087（传真）
发 行 部　（010）58882868，58882870（传真）
邮 购 部　（010）58882873
官方网址　www.stdp.com.cn
发 行 者　科学技术文献出版社发行　全国各地新华书店经销
印 刷 者　北京虎彩文化传播有限公司
版　　次　2023 年 2 月第 1 版　2023 年 2 月第 1 次印刷
开　　本　710 × 1000　1/16
字　　数　159千
印　　张　16.5
书　　号　ISBN 978-7-5235-0035-4
定　　价　68.00元

自 序

即将迎来癸卯兔年，12 年弹指而过。2011 年岁末，我从工作了 6 年的处室转岗，之前参与的高新区、生产力促进中心等任务也就按下了暂停键。那 6 年是我参加工作之后投入精力最多、得到锻炼最大、体会感触最深的一段日子，从零起步，一件事、一篇文、一趟差、一场会，点滴积累，慢慢学习。既有单独参会发言时的窘迫，又有带队调研总结时的不安；既有二十几个材料集中修改时的煎熬，又有面对地方领导、业内专家时的焦虑。今天回头来看，确实是知识恐慌、本领恐慌、经验恐慌，但也在自我调整、主动适应、外部激励的过程中收获了很多。

上一个兔年辞旧时，希望能写点东西，记录过往，感念所得。不过，时间的列车并未因想象和期待而放慢速度，时间不等人，数次意欲提笔，或是难以集中精力，或是顿感无从入手，加之惰性日增，兴致逐渐减弱。搬了几回办公室之后，忽然发现素材资料散失，再拖也许机会渺茫了，于是下定决心，先易后难。费尽周章，终于赶在生产力促进中心 25 周年之际，拙作《生产力促进中心十年渐悟》于 2017 年春付梓，总算没有半途而废，但高新区的这部迟迟难觅合适的机会。

奈何此后由信息、空天到材料，由规划到青藏科考、创新中心，其间还有信访、督查，偶有空闲，即使心里动一动，总归懒得写一写，高新区的作业迟迟没有着落。2022 年年底，“阳”了居家，昏昏沉沉中又想了起来，屈指一算快是一轮回了，忽然又记起来年就是国家高新区建设 35 周年、火炬计划启动 35 周年，于是自我加压，翻出当初的工作笔记，看看能否理理思路。但是，曾经历历在目的 6 年记忆，已经逐渐远去和模糊了，对着本子上的时间、地点、人物、事件，慢慢还能记起一些经历。下定决心，重新捋了一遍当年的个人文档，意外找到 2004 年在国家行政学院青干班结业前写过的两篇文章，竟然都和高新区与高新技术产业化有关，或许隐约之中留下了此后相逢的伏笔。从素材和记忆出发，顺着事业发展的脉络，重温当初惊天动地的气魄、坚韧、奋进，尝试以亲历者的视角还原伟大进程的瞬间，努力用个人的浅见思考反衬出伟大事业的博识。因最近 10 年未再参与其中，故而只能向前补充一些素材，成稿的时间跨度为 1988—2012 年。

早春时分，勉力为之，凑 10 余万字，虽亮点鲜见、体系难成，但精神未逊年少、心力无悔当初，也有新的收获。例如，1990 年 2 月 7 日，《科技日报》头版刊发了林默涵、魏巍撰写的《大家都来高举火炬》，极大鼓舞了当时的火炬事业和高新区发展。今时细细品味，果是温故知新。新春将至，谨此致敬国家高新区建设和火炬事业 35 周年。

2023 年 1 月

目 录

第一章　1988 年的国际借鉴

20 世纪中叶以来，伴随着高技术、新技术的不断涌现和蓬勃兴起，全球经济社会和科技创新发展格局产生了深远而重大的变化。未来世界范围的竞争，首先是高技术的竞争，谁掌握了高技术，谁就掌握了发展经济的主动权。发展高技术已成为世界性的潮流，兴建高新技术园区也成为发展高技术的一项重要举措被各国采用。

发展历程

一般认为，世界上第一个高新技术园区诞生在美国加利福尼亚州，即 1951 年建立的斯坦福研究园（后改名为斯坦福工业园），依托斯坦福大学的空闲土地出租给高新技术企业，融合高校和企业的优势逐渐发展起来。此后，马萨诸塞州波士顿沿 128 号公路逐渐形成高新技术企业集聚，也成为园区发展的新形态。在 20 世纪 50 年代，上述两州又出现了伯汉诺工业园（1953 年，加利福尼亚州）、沃尔杰姆研究园（1955 年，马萨诸塞州）、伯尔德工业园（1956 年，加利福尼亚州）、倍福德研究与管理园（1957 年，马萨诸塞州）。这些初创期的高新技术园区尽管得到了政府一定的支持，但总体上还是以自我发展为主，其潜力和优势并未得到更多的关注与重视。

1957 年，苏联发射了第一颗人造地球卫星；1961 年，苏联载人宇宙飞船“东方 1 号”成功进入太空。“斯普特尼克时刻”极大触动了美国，以增加军事科研经费为代表的军备与太空竞争拉开序幕，特别是国防与空间科研投入的大幅增加，加速了电子计算机、新材料等高新技术领域的发展，一大批企业迅速成长，由此带动了全美 10 多个州兴建高新技术园区，其中 1959 年兴建的北卡三角研究园最具代表性和深远影响。同时，早期创建的高新技术园区加快发展。例如，波士顿 128 号公路地区的高新技术企业从 1955 年的 39 家增长到 1962 年的 385 家，到了 1971 年则发展到 1200 家。

受到美国的影响，苏联在 1957 年筹建苏联科学院西伯利亚总分院，并在此基础上建立新西伯利亚科学城（1966 年基本建成），1961 年在莫斯科南郊兴建普希诺生物研究中心。1963 年，日本启动建设筑波研究学园都市。1965 年，巴西建设坎皮纳斯科学城，此后成为巴西尖端科学的发源地。1969 年，法国在早期巴黎南部法兰西岛科学城之后，启动建设另外一座科学城——索菲亚·安蒂波利斯科学城。20 世纪 60 年代后期，罗马尼亚围绕电子工业建设了皮佩拉电子城。

1973 年的石油危机成为 20 世纪 70 年代前期世界经济迟滞和科研支出收缩的诱因代表，高新技术园区的发展不可避免地受到冲击和影响，但也迎来了逆势增长的机遇。一方面，美国、日本的高新技术园区发展趋缓，资金投入不足甚至导致部分园区解体；另一方面，以半导体、计算机和通信为代表的现代信息产业却保持了 13% ~ 20% 的增长速度，西欧各国加快调整产业结构，加大科技投入，推动高新技术园区快速发展。1972 年英国创办了赫利奥·瓦特大学科技园，同期剑桥科学园的企业集聚，并且加拿大北硅谷也得到长足发展，1974 年韩国大德研究团地启动建设。

经历 20 世纪 70 年代的曲折发展，越来越多的国家意识到高新技术园区在应对经济危机中的独特作用，随着 20 世纪 80 年代初期尤其是 1982 年起经济的回暖，科研投入不断加大，世界范围内的高新技术园区进入发展快车道。全美有 36 个州已建或在建高新技术园区，硅谷、128 号公路地区、北卡三角研究园等早期高新技术园区历经 30 年发展，逐渐成为发展高新技术的样板。加拿大以北硅谷的电子工业和计算机技术园区为代表，多个省的 9 家不同产业园区建设发展。英国、联邦德国、法国、荷兰、比利时等国的高新技术园区从 10 家发展到 47 家，园区内企业从 1980 年的 389 家增长到 1985 年的 887 家。英国剑桥科学园发展迅速，英国政府累计投资 5000 多万英镑兴建高新技术园区。联邦德国尽管在 1983 年年底才启动了第一家园区——西柏林革新与创业中心，但到 1984 年年底就已建成了 8 家。法国的波尔多、马赛、斯特拉斯堡、里昂、梅斯、南特、图卢兹等地相继启动高新技术园区建设。瑞典的创新中心、科学院基金会等组织快速发展，1985 年达到 79 家。荷兰在 20 世纪 80 年代就建成了 3 家园区，并为西欧国家提供了有益借鉴。日本在 1983 年颁布了技术城法，决定在 18 个地区兴建技术城。新加坡在 1980 年启动建设肯特岗科学园。韩国在 1986 年启动的第六次经济开发计划中拟建 13 座技术城。印度于 1985 年和 1986 年分别启动建设各一家科学城与技术园。1985 年，印度尼西亚建设瑟蓬科学城。

据不完全统计，1985 年，全世界各类高新技术园区超过 300

家。同时，高新技术园区的国际会议和协会组织日渐增多。例如，1985 年 2 月在联邦德国西柏林召开了科学公园、创新中心及其经济社会影响的会议；1986 年 4 月在美国召开了国际科学公园学术讨论会。又如，1984 年，法国成立科学城、智力密集区国际俱乐部，日本成立国际技术城协会；1985 年，美国成立大学研究园协会，英国成立科学园协会。国际交流和学术研讨的频繁开展，一方面反映了高新技术园区自身发展进入了新的阶段，迫切需要加强经验分享，探索实质性的合作新模式；另一方面体现了国际社会对高新技术园区的接受、认可和重视，尤其是高新技术转化为经济社会发展新动力的实践。

基本形态

高新技术园区以发展高技术、培育新产业为目标，通过产学研结合实现经济社会与科技的协调发展。根据结构、特点、功能、范围的不同，高新技术园区也被称为科技园、科学城、高技术地带等。

在我国酝酿启动高新区建设的阶段，对国外已经发展了 30 多年的高新技术园区进行系统总结和分析势在必行。从当时的相关研究成果看，高新技术园区主要分为孵化器、科技工业园、高技术地带、科学城、技术城等 5 类（表 1–1）。

表 1–1　5 类高新技术园区对比

园区类型	物理形态	主体机构	主要活动	产出目标	机制
孵化器	单幢建筑物	孵化器经营者	服务	新企业	集中生产要素，分担降低风险，培育初创高技术企业
科技工业园	小区	企业、研究所	研究、生产	高技术产品、科技成果	依托基础设施、服务、环境等优势，吸引创业者和资本建立企业或研发机构
高技术地带	地带	企业	生产	高技术产品	在知名高校和国防计划的作用下，高技术企业生长、聚集、膨胀
科学城	小区或新型城市	研究所、高校	研究	科技成果	利用聚集效应集结科研机构，并对周围地区产生技术辐射

续表

园区类型	物理形态	主体机构	主要活动	产出目标	机制
技术城	城市地区	高校、企业、政府	生产、研究、服务	地区经济的振兴	在全面、合理的地区发展规划下，基于一定的技术、经济条件和优惠政策，吸引人才和大企业入园，从而发展本地高技术产业，实现地区振兴

如果以 2012 年视角回顾当初的国际经验借鉴，考虑到类型划分标准的逻辑性和可对比性，1988 年时间点上的高新技术园区或可分为 4 类。

一、孵化导向类

以技术熟化和成果孵化来实现企业的培育，是高新技术园区的基本功能和主要形态，这也被认为是现代科技型产业园区的本质特征之一。有别于传统以生产链分工布局的方式，高新技术园区立足科技创新链的上下游，按照技术—成果—产品的模式，从而促成企业的产生和发展。如果以物理空间的形态来看，孵化器就是经典代表。例如，硅谷在 1951 年设立的斯坦福研究园就具备了孵化器的性质，128 号公路地区在 20 世纪 50 年代末就设有 5 个孵化器特征的工业园，剑桥地区在 1969 年就设立了剑桥科学园。这些地区高技术产业的大量聚集，与孵化器对中小企业的培育孵化紧密相关。到 20 世纪 80 年代，美国的孵化器总数超过 170 家，联邦德国在建和筹建的孵化器有 80 家左右。

从建设过程看，孵化导向类的高新技术园区占地面积较小，一般具备办公室、生产车间等企业运行的基础条件。主要功能是针对科技型企业在其成立初期，依托相对集聚的物理空间，通过项目、管理、资金、人才等多种手段，推动科技成果的转化，进而实现企业的孵化。伴随着高新技术的发展，大量科技型中小企业产生，孵化导向类的高新技术园区能帮助企业降低风险、健康成长。

孵化导向类的高新技术园区一般以孵化服务为基础，所以需要对外争取政府、高校、研究所和其他机构的支持。例如，加拿大、联邦德国主要依靠地方政府和高校的扶持；西欧国家基本上由高校创办孵化器；美国的孵化器中 85% 与高校建立了联系，20% 以上就在高校中。

除了被称作孵化器，欧美国家也称其为创新中心，我国台湾地区一般称其为育成中心，大陆地区一般称其为创业服务中心。尽管名称不同，但其作用都是实现生产要素的集中，分担风险，减轻创业者和新企业的负担。

孵化导向类的高新技术园区最独特的定位在于，其更倾向于孵化出进入成长阶段的企业，而不刻意追求企业规模的扩张或者扩大生产，因此对在孵企业的驻留时间比较在意，一般情况下为 2 ~ 3 年。而孵化成熟后的企业，往往被称为毕业企业。

二、科学辐射类

与孵化导向类相比，科技辐射类的高新技术园区规模较大，占地从几平方千米至几十平方千米不等。与孵化导向类本质区别在于，其建设的基础是与高校和研究所的紧密结合，依靠的就是科技创新源头的成果供给和技术外溢，因此兴建模式无外乎两种：就近原则和引进原则。

就近原则，就是选址在高等院校和科研机构的聚集地。科研机构的集中，有利于图书、情报、研发设施、生活服务设施的共享，有利于科技交流和合作，有利于提高科研效率。第二次世界大战以后，以科学城为代表的此类园区快速兴起。法国法兰西岛科学城到 20 世纪 80 年代已经占地 440 平方千米，集聚了全法国 43% 的公共科研机构和 60% 的高校；1984 年美国北卡三角研究园占地 31 平方千米，吸纳科技人员 2.3 万人；日本筑波科学城 1982 年的面积达到 108 平方千米，吸纳了 2 所高校、80 家科研机构和 1.14 万名科技人员；苏联新西伯利亚、舒瓦洛沃等科学城发展迅速。科学城的建设，需要有雄厚的经济实力。因此，科学城一般由政府主导建设，其建设运营需要投入大量人力、物力、财力，且往往持续数年甚至数十年。

引进原则，就是针对生产企业和科研机构，通过有选择地向其出售或出租已完成基础设施建设的园区土地，实现高科技企业和科研机构的聚集，完成高科技产品和科研成果的生产。例如，法国索菲亚·安蒂波利斯科学城于 1969 年开始规划，1976 年第一家企业入驻，格勒诺布尔科技工业园于 1968 年规划，1975 年开始引入企业。园区内的企业与科研机构紧密合作、相互支持。科研机构将研发成果转移给企业，从而实现产业化，同时从企业获得相应的研发课题和经费。园区同时为企业、机构提供生产生活所需的服务设施，以及为生产、科研提供配套服务。

科学辐射类的高新技术园区在运行方面，更加重视跨领域的交流协作。科研机构和高校的相对集中给学术交流合作带来很大便利，但不同学科之间的专业壁垒也是客观存在的，需要园区建立专门组织，从而实现机构间、学科间的沟通，推进科研与生产之间的有效合作。例如，筑波科学城的筑波研究机构联络协议会设有图书情报、计算机、研究者等专门交流机制；1983 年成立的法兰西岛科学城协会设有 17 人的专业队伍，拥有创始成员每年捐赠的专门基金会，定期举办交流报告会，组织跨学科的研究队伍承担科研任务，支持和参与新企业的创设。此外，也可成立专业化的服务机构。例如，美国北卡三角研究园有科研机构 45 家，而服务类的专业机构达到了 66 家。作为酿造新型社会生活的新城市化运动的重要实践，园区建设更加注重环境配套。例如，法兰西岛科学城和大德研究团地的绿地面积占比均在 45% 以上。

科学辐射类的高新技术园区与外部经济的联系十分紧密，致力于产出技术成果、开辟外部技术市场、引入外部投资，因而一般都毗邻产业集群或者生产制造基地。例如，北卡三角研究园将企业的研发部门集聚在园区内，而生产制造部门集聚在园区周边，进而促进了达勒姆、罗利、查佩尔希尔等城市不断向园区靠拢，改变了周边城市的经济布局。

三、产业驱动类

产业驱动类高新技术园区以高新技术产业为发展支柱，具备生产、教育、研究、居住、生活等多种新型城市功能。其以发展高新技术产业为重要手段，力图实现欠发达地区的跨越式发展。技术城除了一般的生产生活基础设施外，还需拥有一定数量的高技术企业、研发机构和教育机构。教育机构负责培养研发人才、管理人才、技术人才，并提供一定数量的科研成果。研发机构为本地区产业的技术来源，负责为产业发展提供科研创新成果。当地政府负责制定地区发展规划，进行基础设施建设，提供富有竞争力的生产、生活环境。1980 年，日本首先提出了技术城的设想，1983 年制定技术城法——《高技术产业集聚地区开发促进法》。20 世纪 80 年代国际著名的技术城主要集中在东亚地区的日本、韩国。例如，日本的熊本技术城有 2 市、12 镇、2 村，共 73.9 万人，面积 960 平方千米。美国和法国分别建有得克萨斯州的奥斯汀 - 圣安东尼奥走廊和卢瓦尔河沿岸的国际大西洋高技术园区。

产业驱动类高新技术园区建设的首要任务是构建主导产业及其配套的生产、研究、生活基础条件，因此要对产业区、科研区、住宅区、服务区及环境进行相对系统的规划，以此吸引企业、高校、科研机构的关注与参与，尤其是高质量的配套生活条件更具吸引力。例如，日本长冈技术城建有4万人的住宅区，其中绿地占比超过四成，公共设施占比近三成。从国际经验看，通过发展和改造既有产业、吸引大型企业投资建厂、支持高校和科研机构培育中小企业等方式，园区能够实现高新技术产业的快速发展。

四、集聚效应类

随着前3类园区的不断发展，地理位置相对较近的园区之间逐渐互动，并且在科研条件、人员和理念交流、生产分工协作、产业错位互补等方面形成实质性关联，特别是以高校为中心的圆形拓展、以重要公路为主线的纵向拓展等集聚形式不断涌现和完善，集聚效应类的高新技术园区发展迅速，如美国硅谷和128号公路地区、英国剑桥地区、加拿大北硅谷等。

集聚效应类高新技术园区是高新技术产业和研发机构的大规模集结地。高技术地带地域宽广，企业众多，其形成和发展是企业、高校、科研机构、政府等多方共同作用的结果。其中，高校经过第二次世界大战之后在前沿技术领域形成了优势和科研能力，可以辐射带动周边区域的企业与产业发展；政府对军事、太空等领域的强力介入和投资，为高校与科研机构创造了加速发展的难得机遇，也为企业提供了广阔的市场空间和产品研制方向；金融的同步崛起，衍生出风险资本对高新技术的天然好感，大量资金的投入加速科研进度和成果转化进程，尽管风险高，但取得成功的收益回报更多。

集聚效应类高新技术园区的发展具有鲜明的特征：集聚性，企业和科研机构的集聚会对外部人才、技术、资金形成吸力，促使各种创新资源进一步集聚；辐射性，高技术地带内有多种形式的孵化器，能培育新企业；外溢性，高技术地带内的企业在发展过程中不断向外输出人才和技术，促使形成新的企业。

建设经验

统一规划。根据本国经济社会科技的现实状况，谋划高新技术园区的建设路径，选准产业技术方向和建设地点是关键，因此需要从国家层面进行科学系统的规划。要聚焦有优势的技术领域，明确本国的高校、科研机构的水平和实力是否具备长期稳定的科技供给，研发方向的成果转化形成产品进而培育出企业的可行性与周期长短，现有产业基础是否能够有效支撑新技术的应用和新产品的生产，特别是大企业的带动牵引作用，这些工作仅依靠某个地方或者部门是无法实现的，需要国家层面的统筹、深入调查、充分研究论证。同时，选址问题也在很大程度上决定了建设的成功概率，要考虑到交通、水资源、生活环境、电气等诸多生产条件因素，尤其是经济困难时期，更要从国家层面进行最基本的支撑保障，由此才能实现园区建设发展的连贯性和稳定性。当然，规划在一定程度上会抑制创造性，特别是对新技术带来的潜在风险与前景的判断，往往更需要少数人的瞬间灵感决策，所以有些园区在发展过程中也错失了很多机会。

政府支持。尽管个别园区是自我形成和发展的，但总体而言，政府还是处于主导地位。①科技立法。很多国家在园区发展的不同阶段，制定和出台了相应的法律和法令，保证了园区的顺利发展。例如，日本、韩国等均采取了立法支持的措施。②资金支持。中央政府筹建的园区普遍规模大、环境美、设备先进，这需要可靠且雄厚的资金保证，资金往往主要来自政府的扶持。例如，筑波科学城建设历时 20 年，全部依靠政府投入的 1.3 万亿日元。③地方政府的作用不容忽视。在园区的建设过程中，牵涉很多地方政府职权范围内的支持措施，如购买或者租用土地、房屋，企业迁入和迁出时的便利，配套的交通、生活设施。北卡三角研究园建设发展过程中，得益于州长和州政府对基础设施建设的配合支持，以及对微电子技术中心的直接资金投入。

特殊的区内优惠政策。①房地产优惠政策。高校出租土地给高新技术企业，房地产商出租厂房或建筑物，政府统一建设房屋出租给入驻企业并给予房租优惠。例如，新加坡肯特岗科学园由土地拥有者裕廊镇管理局先期建设标准厂房，再租给投资者，以当时租价 10% 的折扣租赁；联邦德国的海德堡技术园采取租金逐年递增的方式，从每平方米 8.5 马克逐渐增加至每平方米 12.5 马克，既可以鼓励企业入驻，又可以避免园区的盲目扩张。②设备优惠政策。日本对高新技术企业新增设的购价超过 10 亿日元的工业用机械等设备，第一年实行 30%的特别折旧，建筑物和附属设施的折旧为 15%。新加坡从 1980 年起，对用于研究与发展的全部设备和机器给予 3 年的累积折旧。熊本技术城所在的熊本县，为引入尖端技术设备及用新技术生产新产品的企业提供通融资金，每个企业金额最高为 1 亿日元。③贷款优惠政策。加拿大的银行为高新技术企业风险大的发展项目专门提供“平衡资助”，与定期贷款一起协助企业维持财政平衡或尽快收回成本。④税收优惠政策。新加坡对高新技术产业豁免 40%的公司所得税，加拿大对小型企业只课以 25%的低税（非小型企业税率在 40%以上）。

基本功能

在世界各国，虽然高新技术园区的名称和发展背景不同，其作用还有待进一步总结，但其实践已经证明，建立高新技术园区是推动高技术发展的有力措施，而高校、科研机构与企业的有机结合，在社会经济和科学技术发展中具有较强的功能。

直接带动高新技术产业发展。园区与相关高校、科研机构和企业的紧密联系，加速了高新技术研究成果商品化的过程。高校或科研机构可以通过签订合同，合作进行专题研究或技术开发。在美国北卡三角研究园中，3 所名牌大学以“子公司”的身份通过与联邦政府和私营企业签订合同的形式进行活动，年度预算达 4600 万美元，有近千个应用性研究课题。高校或科研机构可向企业提供咨询或技术指导。北卡罗来纳州立大学工程学院的教授中，有 40% 在北卡三角研究园为企业做咨询工作或从事企业委托的项目研究，委托费超过 500 万美元。园区还可帮助高校或科研机构的科学家在园区中创办企业，直接把研究成果投于商品应用。园区通过广阔技术前沿上产品的发展，带动工业活动兴旺。例如，美国硅谷以科学研究为基础的高新技术产业迅速发展，第一代承租者、半导体发明人肖克莱成立的半导体公司衍生出40多家半导体公司（其中包括著名的仙童半导体公司），为硅谷集成电路、电子计算机等微电子工业的发展奠定了基础。

集聚高新技术企业和科研力量。园区以其优秀的人才和智力资源、完善的基础结构、美好的自然和投资环境及有吸引力的政策措施，实现引进、吸收高新技术的目的。例如，20世纪80年代初，美国27个州的50多个城市为吸引微电子与计算机技术公司展开激烈的竞争，而最终由得克萨斯州奥斯汀市的科学园以其优越的条件争取到该公司。发展中国家的园区成为观察、引进高新技术的窗口。例如，新加坡科学园中国外企业的每项研究开发活动都有本国科技人员参加，并且外国企业与新加坡的有关机构或企业联合开展研究开发工作所取得的成果都应用于新加坡本国。

孵化培育高新技术企业，特别是中小企业。高新技术领域风险高、发展快、产品生命周期短，而中小高新技术企业投资少、转向灵、见效快。园区为中小企业发展创造了环境。在园区中，知识密集造成了一种高压环境，促使人们进行开发、创造，激励人们努力工作，产生新的思想，开展新的活动。当看到一些企业家创业成功时，受到创业精神感染，会迸发出创业激情而构成创业气候。创业气候一旦形成，就会促使高新技术企业不断演进出新的企业，形成连锁反应。园区还为初创企业提供了物质条件，从建设通用性基础设施，以优惠价格租给中小企业，到形成统一优惠服务，有力地促进了企业发展。例如，在加拿大的北硅谷，100 人以下的企业占园区总企业的 80%，25 人以下的企业占 54%；在苏格兰微电子中心，中小企业占 2/3。

创造就业机会。园区中大量的新创企业对就业机会的增长发挥了重要作用。据美国麻省理工学院统计，1967—1976 年，通过对 550 万家企业的抽样调查发现，在所有新创就业机会中，有 2/3 是雇员不超过 100 人的小企业创造的。园区就业人口的增长，促进了为新增人口提供生活、业务服务的行业发展，从而创造了更多的就业机会。1985 年，北卡三角研究园中就业人数为 26 000 人，而与园区有关的就业人数则有 6 万 ~ 7 万人。法国的索菲亚·安蒂波利斯科学城，除了在园区内创造 5000 个就业机会外，还在服务业创造了 15 000 个就业机会。园区孵出化的中小企业，逐渐成长为大企业，雇员数以万计。

启示借鉴

纵观国外高新技术园区发展的历史，建设得比较成功的高新技术园区均立足国情，其发展方向、建设规模、起步方案、管理体制和政策措施等都是根据自身的科技、经济、社会的发展状况和实际条件决定的，因此，对于国外兴办高新技术园区的经验，绝不能硬套、照搬，而应该根据中国的国情引进、消化、吸收，不断探索和反复实践，逐步形成各种不同类型的具有中国特色的高新区。

从建设模式上看，有利于高新技术和产业发展的地区基本上可以分为 3 类。①智力密集区。一般都在大城市或大城市的近郊，具有人才、技术和信息等方面的优势。②科研基地、国防工业基地，以及工业基地。有配套的工业设施和技术基础，工人的技术素质较高。③经济特区和沿海开放城市。具有吸引国外资金、技术和人才的先天条件，并且可以成为国际技术、经济交往的窗口。根据上述 3 类地区的特点，我国高新区可借鉴的发展模式相应有以下 3 种。

智力资源密集的高新区。在智力密集区及其周围建立高新技术企业和若干配套的中试基地，主要依靠科研院所和高等院校的科技力量，研究开发具有较高水平的科研成果，造就大批科研骨干人才，不断向外辐射。这类高新区具有很强孵化功能，是辐射源型的高新技术研究开发基地。其优点是充分利用现有智力密集区的人才和设备，投资少，见效快，能够促进智力密集区朝新的方向发展。

雄厚工业技术基础的高新区。在工业、技术基础比较雄厚的城市选定区域，以邻近的科研院所和高等院校为依托，利用所在城市良好的工业、技术条件，发展高新技术产业，形成科研、中试、生产协同发展并具有商品经济竞争环境的高新技术产业基地。其优点是既可以充分利用附近智力密集区的人才和设备优势，又可以按照高新技术产业本身的特点进行新的规划，使园区的建设符合高新技术产业发展的要求。

优越政策环境的高新区。利用经济特区和沿海开放城市特殊的政策环境和有利的地理位置，吸引资金、技术和人才，通过远距离辐射机制，将国内外比较成熟的高技术项目引入园区并组织开发、生产和销售，形成面向国际市场的高技术产品出口加工基地。其优点是风险不大，不需要很多的高新技术人才，但必须具有良好的投资环境，以及吸引国内外资金、技术和人才的政策。

我国建立高新区的关键在于有效地解决科技与经济、科研与生产的紧密结合问题，以促进科学技术迅速转化为社会生产力。我国的高新区应当具有以下特点：①多功能性。我国的高新区不仅是发展高新技术及其产业的基地，而且是培育和熟化新技术的“孵化器”，推动新技术成果尽快转化为产品和商品的“加速器”，提供新技术、新产品和新型专业人才的“辐射源”。②技、工、贸一体化。我国高新区应该把科技、教育、工业、贸易集于一体，建立研究、开发、生产、销售、服务相结合的新型科技企业集群。③多种所有制并存。除发展国营经济外，还应该允许多种经济成分的存在和竞争，鼓励集体、个人兴办各种形式的合营或私营科技企业和科技实业，以市场为导向，开发高新技术产品。④传统产业改造。不仅要创办高新技术企业，开发高新技术产品，而且要运用高新技术改造传统产业，加速产品更新换代。

高新区的建设是一项新型的社会系统工程，必然牵动从经济体制、科技体制、教育体制到政治体制等方面的深刻改革，势必冲击与之不相适应的组织机构、规章制度，以至思想观念和工作作风等，需要建立更加开放的商品经济和市场体系，为高新技术及其产业的发展创造更为宽松的环境。建设和发展我国的高新区，必须率先改革，使高新区成为探索我国体制改革的示范区。同时，高新技术和产品是当代科学技术与经济社会协同发展的产物，受着各种国际因素的影响，发展高新技术和产品以至形成产业，需要突破国内市场，积极走向世界，参与国际竞争，建设和发展高新区，必须先行开放，以国际市场为目标，开发高新技术产品，使高新区成为对外开放的窗口。

经验表明，高新区的建立，对于区域经济的发展起着重要的作用。高新区是地区发展中极为活跃的因素，通过重组和开发地区局部优势，能够强化科学、技术、智力条件，促进区域经济发展。充分利用沿海地区实行更加开放政策的优势，以沿海地区为先导发展外向型经济，进一步走向国际市场。充分发挥中西部地区的丰富资源优势，加强与沿海地区的横向联系，带动内陆经济甚至全国经济的发展。充分认识和重视高新区在区域经济发展中的重要地位和作用，把建设高新区作为实现沿海地区经济发展的重要措施。

智力资源密集是建设高新区的基本条件，大城市及其近郊形成了科学文教机构相对集中的智力密集区，在目前财力、物力有限而不具备普遍建立高新区能力的情况下，应该首先选择智力资源条件较好的地区进行试点，优先开发智力密集区，把智力密集区建设成为高新技术研究开发基地，再向其他条件成熟的地区逐步推进，进一步扩大发展，使我国的高新技术产业形成规模经济，增强高新技术产品的出口创汇能力，积极参与国际竞争。

充分发挥国家和地方积极性。我国地域辽阔，自然条件和社会条件差异较大，不同的地区具有不同的情况和不同的优势，因而各地兴办园区应该采取不同的发展途径。一方面要防止“一哄而起”；另一方面要允许确有需要并具备一定条件的地区发挥自身力量和积极性，兴办不同特色的高新区。根据智力资源密集、基础设施配套齐全、投资环境优越等条件，在全国选择若干具有代表性的地区，采取特殊政策，进行重点引导和扶植。随着改革的深化，我国的经济体制也进入了多元化的发展阶段。在这种情况下兴办高新区，应该根据各地的实际情况采取不同的发展模式。只有这样建立起来的高新区，才具有旺盛的生命力。

高新区政策的基本功能是保障和促进高新区的建设，使其成为发展高新技术产业的基地，成为吸收资金、技术和优秀人才的阵地，成为科技、教育、产业有机结合的示范园地，以及成为推动我国科技、教育、经济体制改革的试验场地。其应具适度的灵活性和适应性。高新区的政策，必须适应高新技术产业本身具有的周期短、变化快、投资大和风险高的特点，能够随着时间、空间及国际环境因素的变化而不断修正。强调灵活性和适应性，不是指无章可循，而是要以有利于生产力的发展为准则。其应具协调性和互补性。建设高新区，需要各种政策相互配合，如金融政策、税收政策、外贸政策、物价政策、关税政策、专利政策、人才政策等。政策的制定及实施涉及众多部门，互相协调和配合极为重要。制定高新区政策时，要注意政策的统一性和整体性，不能顾此失彼，造成政策之间的相互矛盾。其应具全局性和长远性。高新区的建设要服从经济建设的全局，政策要有利于推动传统产业的技术改造，使人们得到实际的好处。同时，要注意政策的长远性，要考虑到实际的状况和能力，对高新区进行人力、物力、财力的支持，以保证长远发展。

第二章　中国高新区的孕育

20世纪80年代初，科技人员下海办企业逐渐成为一种风气，到1987年年底，中关村拥有各类科技企业148家，形成了“电子一条街”，并在此基础上逐渐发展演变为北京市新技术产业开发试验区。1984年6月，国家科委在向国务院提交的《关于迎接新技术革命挑战和机遇的对策》中建议，要研究制定新技术园区和企业孵化器的优惠政策，要把握机遇，大胆实践，跟上新技术革命的浪潮。至此，创办高新区的思想已见雏形。1985年3月，《中共中央关于科学技术体制改革的决定》中明确提出，依托国内智力密集的部分地区，采取特殊政策扶持，探索新兴产业开发区的建设，从而加快新兴产业的发展，标志着建设高新技术产业开发区正式纳入国家战略。1988年5月，《国务院关于深化科技体制改革若干问题的决定》进一步鼓励智力密集的大城市试办新技术产业开发区，研究制定配套扶持政策。1988年8月，在北京召开的全国第一次火炬计划工作会议标志着火炬计划正式出台，表明中国政府开始自上而下地主动推进高新区建设。此举大幅加快了高新区的建设速度，各地政府开始积极谋划并创办高新区。

技术基础

高新区的建设和发展需要明确主导的产业领域和技术方向，更要立足我国的科技自身实力。新中国成立以来，我国科技发展的一条重要经验就是通过中长期科技规划的方式来确定和推动重点领域攻关。结合20世纪80年代国际高新技术的发展趋势，在此梳理一下我国部分科技领域的发展进程。其中，主要涉及《1956—1967年科学技术发展远景规划》（以下简称“1956年规划”）、《1963—1972年科学技术发展规划纲要》（以下简称“1963年规划”）、《1978—1985年全国科学技术发展规划纲要》（以下简称“1978年规划”）、《1986—2000年科学技术发展规划》（以下简称“1986年规划”）等。

一、微电子技术

微电子技术是在电子电路和系统小型化、微型化过程中逐渐形成并以半导体为核心的电子技术。微电子技术发展的数十年里，一直遵循着摩尔定律在向前推进。

晶体管的出现拉开了微电子技术发展的序幕。新中国成立时，我国微电子技术领域几乎空白，“1956 年规划”聚焦掌握具有广泛用途的半导体材料和器件的制备技术，扩大半导体技术的应用范围，研制新型器件，解决微电子材料问题。同时，开展半导体技术的研究，包括半导体的基本性质和新材料等方面的探索。我国半导体技术体系在此基础上初步建立，掌握了以电子管为基础的真空器件成套工艺及通用元件的生产技术，从仿制走向自行设计。1954 年，华东电子管厂与中国科学院物理研究所共同研制并投产了首批 γ 射线计数管、β 射线计数管等核辐射计数管。1956 年，研制成功第一支示波管。1958 年，研制成功电子管式黑白电视机，并取名为“北京”牌。

微电子技术的发展使许多常用设备中的电真空器件被半导体器件取代，设备向着小型化和高可靠性方向发展。晶体三极管的使用频率，也从超高频进入微波范围，半导体电子器件走向高频、高速、大功率发展方向。同时，新型半导体材料的出现，还催生了多种具有特殊用途的新型半导体器件。在“1956 年规划”的基础上，结合微电子技术的发展方向和我国半导体工业的发展需求，“1963 年规划”中指出，要加强半导体物理学、化学和半导体电子学的研究，同时要继续发展半导体工艺和各种新技术。前期规划的实施，使我国微电子技术在材料、工艺和基础研究方面具备了较好的研究基础，为发展高性能微电子产品铺平了道路，“1978 年规划”更加注重理论模型、器件和系统集成的深入研究，包括深入开展可靠性、成品率有关的理论研究，发展新器件、新材料和新工艺理论。在新电路和新的分析方法研究中，引入了微电子学及模型、仿真和最优化等近代控制理论。

二、计算机

计算机是一种用于高速计算的电子机器，可实现数值计算、逻辑计算和存储记忆功能，通过对计算体系、架构和方法的优化升级，能够自动、高速处理海量数据。

20 世纪 50 年代，计算机的问世为计算技术开辟了一个新纪元，使许多科学技术问题能够得到快速解决，对实现我国生产过程自动化起到了重要推动作用，“1956 年规划”注重发展研究电子计算机的理论、设计、制造及运用技术，部署快速通用数字电子计算机的设计与制造，重视研究电子计算机的基本技术与运用方法，以及专用电子计算机的设计与制造技术。同时，部署研究计算机技术中的数学问题，如程序设计与近似计算方法等。计算机技术在这一时期成果显著。1958 年，中国科学院计算技术研究所仿制成功我国第一台小型数字电子计算机（103 型通用数字电子计算机），1959 年成功研制出我国第一台每秒能运算 1 万次的大型通用数字电子计算机（104 机），填补了我国在电子计算机领域的空白，解决了当时国家建设中许多复杂的计算问题，如工程设计中的多元联立代数方程式、建筑工程中“暂态现象”的微分方程、大地测量中测绘的平差计算、中短期天气数值预报的计算、铁路线路选择方案的计算、东北地下水道设计的计算、刘家峡水电站大坝应力分析、长江三峡水利枢纽的“不稳定流”计算，以及我国第一颗原子弹的研制计算任务。

随着科学研究、新兴技术、工业生产自动化等的广泛应用，计算机需要具备高速度、高可靠性、大容量、小型化和强逻辑功能等特点，20 世纪 50 年代初期的计算机技术已经不能满足需求。“1963 年规划”中，注重巩固和提高计算机的研制水平，改进性能指标，加强理论及技术基础研究，部署研究通用和专用计算装置，以及计算机数学、计算机理论、通用计算机、控制计算机等有关问题。这一时期，中国科学院计算技术研究所自行设计制造出我国第一台通用晶体管电子计算机 109 型。1964 年，我国第一台自主设计的大型通用数字电子计算机 119 型研制成功，运算速度为每秒 5 万次，保证了我国第一颗氢弹的设计计算需求。随着晶体开关管技术的成熟，我国开始了第二代全晶体管计算机的研制。1965 年，华北计算技术研究所与北京有线电厂联合研制的 108 乙型晶体管计算机采用当时国内刚刚面世的“与非门”小型数字集成电路和印制电路板，运算速度达到每秒 6 万次。

前期规划的实施使我国具备了发展高性能计算机、组建计算机网络的基础，在“1978 年规划”中，明确要求同时发展巨型机和微型机，加强计算机科学的研究，并部署研制千万次、亿次巨型机和微型机，研究外部设备和软件，组建全国公用数据传输网络和计算机网络、数据库。这使我国初步具备了计算机的系列生产能力，提升了软件和外部设备的研发及应用能力，高性能计算机和微型机都得到了发展和推广应用。

三、网络通信

网络通信技术是信息技术领域的重要组成部分，其将单独设备通过一定的通信协议及方式进行有效连接，实现了人与设备、人与人之间的信息沟通与交流。

随着无线电技术的发展，无线电波的用途被扩展到很多新的方面，如电视、多路通信、测位、遥控等，所用的波长都在超短波和微波范围内，“1956 年规划”以发展超短波和微波为重点。同时，毫米波技术成为当时较为前沿的研究范畴，规划中也提出要创造条件开展这一新波段的研究，发掘其新应用。“1956 年规划”注重从具体应用出发，逐步在理论上深入研究，如电波传播、信息论、干扰和反干扰等问题，明确要更多地发挥电子学技术的作用，要广泛展开电子线路和仪器的研究。这促进了无线电电子学的发展，使无线电技术在广播和通信，无线电定位、反定位，电力系统装备的建立，实验室和生产过程中的测量、控制，远距离操纵，以及整个仪表工业的发展等方面，都起到了巨大的推动作用。

面对国防和经济建设的需要、网络通信领域的关键技术问题，20 世纪 60 年代我国开始注重对网络通信理论、器件及其在气象和天文方面的应用进行研究。“1963 年规划”要求开展电波传播、天线、微波理论与技术、阴极电子学、电子光学、气体放电电子学、电子测量方法与理论等研究；解决通信与雷达探测效能，增加作用距离，提高电子测量与电子控制的速度，提高电子器件的功率、寿命与可靠性，降低噪声，增宽频带，加强抗干扰能力等问题；加强信息论研究，重视无线电气象学、无线电天文学等边缘学科的发展。

随着电子科学技术的蓬勃发展，网络通信基础理论和基本技术研究变得更加活跃，“1978 年规划”提出电子学要侧重信息信号的产生、提取、存贮、传递、处理、控制、检测、识别和再现等信息论，电路和系统理论，电子系统工程学，生物电子工程科学等研究，要求研究电磁波及电子、离子运动规律中的电磁场理论，电波科学，天线理论，电子物理，微波电子学，光电子学，量子电子学等。“1978 年规划”还部署了电波在各种媒质和条件下传播的研究，包括电磁波沿地面、海面或在地下、水下辐射和传播技术，电波在电离层、对流层中的传播及无线电气象技术。要求开展信息论基本理论（香农信息论和近代信息论）的研究，对信息传输的理论与技术进行研究，包括扩频理论与技术及在抗干扰讯息传输系统中的应用，信号的波形设计、调制和解调的原理及实现技术，实际信道的特性、信道特性的自适应校正（均衡）技术及其实现，最优化传输系统技术等。同时，要开展检测与估计理论及应用方面的研究。这一时期，我国网络通信技术在基础理论、系统设计方面得到了创新发展，对实现网络通信技术现代化具有重要意义。

随着移动通信技术的发展及移动设备的广泛应用，我国开始重视发展移动通信技术。“1986 年规划”部署重点发展数字微波通信和移动通信技术，研究开发数字程控交换与通信网络技术，逐步发展综合业务数字网技术。

四、半导体制造

半导体是指常温下导电性能介于导体与绝缘体之间的材料。常见的半导体材料有硅、锗、砷化镓等，硅是各种半导体材料中最具有影响力的一种。无论从科技还是从经济的发展角度来看，半导体都是非常重要的，在集成电路、消费电子、通信系统、光伏发电、照明、大功率电源转换等领域都有广泛应用。

按制造技术半导体可分为：集成电路器件、分立器件、光电半导体、逻辑集成电路、模拟集成电路、储存器等。半导体产业一般分为集成电路产业、光伏产业和半导体 LED 产业，它具有技术密集、资金密集、知识密集、高风险、高回报等特点。制备不同的半导体器件对半导体材料有不同的形态要求，包括单晶的切片、膜片、抛光片、薄膜等。半导体材料的不同形态需要对应不同的加工工艺。常见的半导体材料制备工艺有提纯、单晶的制备和薄膜外延生长。

20 世纪 50 年代，出现了用半导体制造的晶体管，相比真空管其具有体积小、耗电少、寿命长等特点，从而促进了无线电电子学技术的发展。半导体的应用不仅限于电子学领域，其他方面的应用也日益得到发展。

“1956 年规划”确定了以原子核物理与基本粒子物理、无线电物理与电子学、半导体物理 3 门学科作为今后 12 年内物理学发展的重点，并且明确了把“半导体技术的建立”作为重大任务。在开始阶段，首要工作是解决锗的原材料和提纯问题，以及掌握和发展锗和硅电子学器件的制造和应用技术。1 ~ 2 年内掌握制造纯锗单晶体的方法及实验室内制造几种放大器的工艺过程。2 ~ 3 年后开始大量生产各种类型的锗器件。针对其他诸如光电和热电器件、发光和磁性材料，以及铁电体等的问题，都应当先掌握并改进已有的制备技术，然后逐步深入研究。计划在 12 年内不仅可制备和改进各种半导体器材，创造新型器件，并扩大它们的应用范围，而且在半导体的基本性质与新材料的研究上都展开系统和广泛的工作。

20 世纪 60 年代，在基础科学和技术科学方面，半导体技术及相应的技术研究试验在几乎空白的基础上已建立起初步体系，并取得了重要进展。由于新型半导体材料的不断出现，各种具有特殊用途的新型半导体器件不断产生，半导体电子器件不断向高频率、大功率和高开关速度方向发展，半导体光电器件和半导体的其他应用也得到不断发展，红外线光电元件相关技术在新技术中占有重要地位。1960 年，中科院在北京建立半导体研究所，同年在河北建立工业性专业化研究所——第十三所（河北半导体研究所）。“1963 年规划”部署开展半导体材料提纯、制备、分析和半导体新材料的研究（尤其是化合物半导体）。

1965 年 12 月，河北半导体研究所研制的第一批半导体管通过了鉴定，并在国内首先制成了 DTL 型（二极管 - 晶体管逻辑）数字逻辑电路；1966 年年底，上海元件五厂 TTL 电路产品在工厂范围内通过了鉴定，标志着中国已经制成了自己的小规模集成电路。20 世纪 60 年代末至 70 年代初，我国相继成功研制出 N 型金属 - 氧化物 - 半导体（N-Metal-Oxide-Semiconductor，NMOS）和互补金属氧化物半导体（Complementary Metal Oxide Semiconductor，CMOS）电路，设立了 40 多家集成电路工厂，并引进了 3 条 3 英寸工艺线。“1978 年规划”部署了大功率器件用半导体材料及其他半导体功能材料的基础研究，包括太阳能电池用无定形硅及片状单晶、镓代砷材料机器电力半导体器件等的研究。部署研究电力半导体理论，包括提高电力半导体器件可靠性、成品率及全面参数的基础理论，如雪崩击穿、高温特性与稳定的关系等，研究压降的变化、表面态及表面电场、电阻率及少子寿命的精确控制等，研究最佳复合能级及热阻。部署研制超纯电子、半导体等材料。

1982 年，江苏无锡的江南无线电器材厂集成电路生产线建成验收投产，这是从日本东芝公司引进的，包含设备、厂房等硬件及制造工艺软件的彩色和黑白电视机集成电路生产线，是我国第一次从国外引进集成电路技术，当时其成为中国技术先进、规模最大、具有工业化大生产能力的专业化工厂。1982年10月，为了加强对全国计算机和大规模集成电路领域的领导，国务院成立了电子计算机和大规模集成电路领导小组，制定了中国集成电路发展规划，提出“六五”期间要对半导体工业进行技术改造。

五、医用材料

新中国成立之初，医疗和疾病防治方面所需的医学材料非常匮乏，为加强寄生虫病和传染病防治能力，“1956年规划”提出注重生物、化学、物理等综合方法的研究布局。在随后的十几年里，我国医用材料和医疗器械生产技术得到了较快发展，面对医用材料种类的增多和质量的提升，“1963年规划”提出注重生物制品和医疗器械方面的研究，部署新的生物制品及医疗器械的研制，强调研究药物和医疗器械生产的新技术、新工艺。

二十世纪七八十年代，为有效应对自然灾害、事故、疾病等给人带来的身体创伤，亟须研制用于人体组织和器官再生与修复的医用材料。这一时期，在生物相容性研究基础上，出现了相关生物医学材料及其制品，“1978年规划”面向生物医学高分子材料的研究和发展，部署生物医学高分子材料、生物活性高分子材料、亲水和生物降解体系高分子材料、医用级硅橡胶与其他有机硅材料、医用级硅橡胶制品、生物医用膜材料和选择性吸附材料的合成及其作用机制、医用聚氨酯体系与其他合成橡胶材料及其与血液作用机制、医用氟硅橡胶、口腔医学材料、医用碳素材料等的研究。为解决我国医用原料、助剂的配套，以及专用工艺装备的设计和制造问题，“1986 年规划”提出要注重发展新型生物医学材料。

空间基础

高新区的建设和发展需要一定的物理空间，也需要相应的科研、生产和生活条件。从 20 世纪 80 年代的实际情况看，部分区域具备了初步的基础，其中典型代表有以下几个区域。

北京中关村。其位于北京西北郊，占地 100 多平方千米，人口 50 余万人（约占海淀区的一半）。智力高度密集，集中了中科院、各部委和市属的独立科研机构 138 家，高等院校 50 所。科技人员（含高校教师）8 万余人，在校的博士和硕士研究生 1.6 万余人，在计算机、生物工程、新能源、新材料等方面具有较强研发能力。新中国成立以来，国家投入了大量资金发展中关村地区的科教事业，集中了全国一流的大型科学教育仪器设备。图书情报信息高度密集，该地区的图书馆藏书量达 2364 万册，加上新建的北京图书馆的藏书量，共有 6400 余万册，其信息储存量和传播量在全国是最大的。科技成果高度密集，“六五”期间，获省市以上科技成果奖 3954 项，其中国家级奖项 577 项。但也面临一些问题，如邮政网点较少，电话普及率仅为 9%，远远低于国际大城市水平；交通比较拥挤，人口比较稠密，个别地区人口密度高达

2.5 万人 / 平方千米。

上海漕河泾。其位于上海中心城西南，紧接徐家汇文教区，规划面积 17 平方千米。有大专院校 4 所，邻近地区有高等院校 8 所，有独立科研机构 60 多家，其中比较著名的有中国科学院上海冶金研究所、中国科学院上海硅酸盐研究所等，中高级科技人员（含高校教师）有 1 万余人，在微电子、生物技术、光纤通信、激光技术等方面具有优势。工业支撑条件好，配套能力强，劳动力素质好，工业门类齐全，具有发展高新技术产业的良好支撑条件。漕河泾地区的近邻是上海著名的仪表工业区，已有电子设备、广播电视、电子元件、仪器仪表等专业厂家 35 家，职工有 2200 余人，有较强的吸收消化国外先进技术的能力，有较高的经营管理水平。地理位置和自然环境较好，距市中心人民广场只有 11 千米，距虹桥国际机场仅 7.5 千米。该地区是新规划的开发区，在桥梁道路、排水、供水、供电、煤气、电讯，以及医疗卫生、文化娱乐、商业网点等方面，都是按开发区的要求进行设计的，因而基础设施较为良好。面临的问题主要是：发展余地有限、地价较贵、科研机构和高等院校内部缺少活力、企业自主权过小。

深圳科技工业园。其坐落在深圳华侨城和深圳大学之间，占地 3.2 平方千米。其所在地是我国最早的经济特区之一，政策灵活，能吸引外资和国内外先进技术。毗邻港澳，信息灵通，能及时了解国际科技、经济发展动向，且具有一定的工业基础，工业产品外销能力强，创汇效果好。作为新建的特区，深圳基础设施好，市政配套日趋完善，水陆交通便利，有良好的投资环境。面临的问题主要是：科技力量较为薄弱，全市只有 2 所高校、7 所中等专业学校，高校教师和科技人员共 1 万余人，工业和科技人才主要依靠引进，劳动力素质受到一定限制。深圳科技工业园是 1984 年 9 月经深圳市人民政府批准兴建的，深圳市人民政府于 1985 年 4 月与中科院签订了合办科技工业园区的协议书，并于同年 6 月和中科院共同组建了深圳科技工业园总公司，较好地解决了科技力量不足的问题。

武汉东湖。其占地面积约 40 平方千米，人口 25 万人，依山傍水，学府林立，智力密集，具有兴办高新区的良好条件。集中了高等院校 21 所、独立科研机构 54 家，科技人员（含高校教师）近 6 万人，拥有激光技术、计算机软件工程、新材料、波谱及原子分子物理、燃烧技术、超声技术等一批国家重点实验室，有大型精密仪器 651 台。武汉是我国工业重地，有较好的工业支撑基础，有一批以国家重点企业为骨干的企业群和素质较好的技术工人队伍。武汉位于我国内陆中心，北至首都，东去上海，南下广州，西到重庆，距离均在 1200 千米左右，水、陆、空四通八达。东湖地区自然条件好，有山有水，风景秀丽，当地文化水平较高，劳动力素质较好，发展余地大，房屋租金便宜（仅为北京中关村的 1/10 ~ 1/5）。面临的问题主要有：气候条件较差，夏秋过于炎热；在体制、资金、政策等方面有所不足。

天津南开。其位于天津中心区的西南部，总面积为15平方千米，人口16.3万人。有高等院校11所，独立科研、设计院所83家，各类科技人员（含高校教师）有2万余人。从事材料科学研究的人员1100余人，在新型材料和生物工程等领域形成发展特色。天津是我国最大工业城市之一，工业门类较齐，技术水平较高，特别是在精密仪器仪表及光电技术方面具有优势。国家科委规定的23种大型精密仪器，该地区都有。生活服务设施较好（区级以上医院7家、大商场5家、影剧院6家），且交通便利。由于历史原因，缺乏中国科学院系统的有关研究院和研究所。在体制、政策等方面，没有理顺关系，因而高新技术研究和开发起步较为困难。

广州五山科学技术开发区。广州是华南最大的商业城市和对外交往的重要门户，规划中的五山科学技术开发区位于广州东北郊（距市中心约10千米），包括石牌、五山、龙洞3个乡，总面积25.4平方千米，人口将近10万人。1984年11月，广东省人民政府批准成立五山科学技术开发区委员会办公室（设在省科委），开始组织规划工作，后来形成了五山科学技术开发区规划纲要等4个文件。区内有高等院校7所、科研机构23家，科技人员（含高校教师）达9800余人。商品经济发达，自然环境条件优良，生活服务设施较好，交通方便。广州已有的工业主要是金属制品工业、机械工业、化学工业、电器设备工业等，新技术方面的工业尚未发展起来。

南京钟山。其是以南京两个大的智力密集区——鼓楼和江浦科学城为背景而规划的，有高等院校 23 所、科研机构 64 家，科技人员和高校教师达 9 万余人，其中计算机、微电子、生物工程、新材料、激光、光纤、自动化、新能源、航天等领域的从业人员有 8000 余人。南京是我国重要电子工业基地之一，1986 年，电子工业总产值达 19 亿元。该地区自然环境条件好，距智力密集区 10 ~ 12 千米，距火车站 4 千米，距飞机场 15 千米，距工业区 12 ~ 13 千米，邮电通信条件也较好。

西安南郊。其以原科教文化区为背景，附近有 4 所重点高校和 20 多家科研机构。地区周围智力密集，科技力量雄厚。西安有 39 所高等院校和 107 家科研机构，有大中型企业 120 家，其中大型企业 61 家，技术设备比较先进，工人素质较好。

政策探索

高新区相继开展了优惠政策实践。北京中关村和深圳科技工业园，基本上采用经济特区的优惠政策；上海漕河泾、天津南开，沿用经济开发区的政策；其他高新区，根据本省市的权力限度而给予政策支持。在政策探索上，如税率问题，深圳科技工业园规定：对于先进技术企业、产品出口企业，减按 10%的税率征收企业所得税；投资者从获利年度起，经过申请，可以得 2 年免征，第 3 至第 5 年减半征收企业所得税。北京中关村新技术企业和产品出口企业的所得税相关规定，基本上是参考深圳科技工业园的办法制定的，只是在免减的期限上再放宽了一年。兰州进一步规定，新技术企业的所得税减按 10%的税率征收，并且是 5 年免征，第 6 至第 10 年再减半征收。

人才政策建议。进行人事制度的改革，释放人才的能量，创造人才辈出的环境，形成高新技术产业的人才体系。在园区内鼓励人才流动，促进创业。人才流动是人才竞争的前提条件。在职称评定、选择学术带头人上，完全打破年龄、资历、学历的限制，不拘一格使用人才。对从事高新技术开发的技术人员原则上应实行效益工资，对有突出贡献者，应在工资、奖金、住房、出国进修、合作研究等方面给予更加优厚的待遇。

资金政策建议。对国计民生有重大意义的高新技术开发项目，经过相应的评审，应由银行提供贷款，并视具体情况，减免高新技术企业部分甚至大部分债务。引导高新技术企业与大型厂矿合作，为大型厂矿的技术改造服务，开发经费主要由大型厂矿提供，把高新技术产业的发展和我国传统产业的技术改造紧密结合起来。引进国外资本，鼓励中外合作，鼓励合资兴建高新技术企业，鼓励金融资本与产业资本的结合，倡导国家和地方的金融机构在园区参股投资。

开发与引进建议。采取灵活多样的形式，开展国际合作与交流。自主参加各种国际学术会议，自主进行对外贸易，自主在国外设立分支机构，自主利用自有外汇引入先进技术、派遣人员出国留学。简化各种出国手续和程序，放宽对外国专家的聘任制度。在对外开放中，对国内的高新技术和产品，应实行有限的保护政策，鼓励采用国内技术产品。

实践探索

一、火炬计划

火炬计划于 1988 年 8 月启动实施，旨在发挥我国科技力量优势、促进高新技术研究成果的商品化、推动高新技术产业的形成与发展、在实施沿海地区经济发展战略中做贡献。火炬计划不仅是技术性、经济性的计划，更是深化改革开放试点的重要探索，是科技长入经济的重要实践，也是高校和科研机构服务经济发展的重要尝试。火炬计划实施的着力点是加强宏观指导、创造有利于高新技术产业形成与发展的环境条件，有别于以财政投入为主的模式，火炬计划在政策规划、项目指南、资金多元化投入、市场信息服务、争取全社会支持等方面不断创新工作方法。

起步阶段，火炬计划按照“发挥优势、项目起步、从小到大”的思路，以北京市新技术产业开发试验区为代表，在沿海地区和内陆人才密集的大城市相继启动建设高新技术产业开发区，以此作为实施火炬计划的重要基地；建立科技创业服务中心，加快推动科技企业的创办，采取“匹配投资、有偿使用”的方式给予部分资助；组织实施火炬项目，在生物技术、新材料、电子信息等领域优先安排支持项目，并给予专项贷款，研究制定项目申报、组织评估、风险分担等相关管理办法；积极营造有利于高新技术产业发展的良好环境，加强政策扶持、宣传报道、争取全社会支持、开展国际合作、组织人才培训。

在多种渠道筹集资金方面，火炬计划争取各银行的支持，以贷款方式为主，加大对火炬项目的资金投入，积极向金融界和有投资能力的机构推荐火炬项目，探索争取和利用外资的新途径，同时酝酿火炬股票、债券的发行。财政对火炬项目的支持方式，主要体现在“有偿使用”，以此促进火炬项目及其实施主体面向市场，实现高新技术成果转化为产品，特别是有市场前景的产品。

在实施过程中，国家科委集中内部力量，成立了相关司共同参与的联合办公室——火炬计划办公室，着重从方针政策、规划、环境、监督等方面强化对火炬计划实施的统筹与顶层设计。1988 年 6 月 9 日，国家科委委务会决定成立国家科委火炬计划办公室（以下简称“火炬办”）。1988 年 8 月 6—8 日，国家科委在京召开第一次全国火炬计划工作会议，国务委员、国家科委主任宋健和阮崇武、李绪鄂、朱丽兰副主任出席会议。李绪鄂副主任宣布全国火炬计划正式开始实施。1988 年 8 月 28 日，国家税务总局下发《关于对属于火炬计划开发范围内的高技术、新技术产品给予减征或免征产品税、增值税优惠的通知》。1988 年 9 月 14 日，国家科委下发决定实施火炬计划的文件。1989 年 4 月，国家科委火炬办印章正式启用。

1990年5月9—12日，国家科委在江苏南京召开第二次全国火炬计划工作会议，250多位代表出席，国务委员、国家科委主任宋健出席并讲话，国家科委副主任李绪鄂同志做工作报告。截至1989年年底，按照技术先进成熟、具备批量生产条件、市场前景好、经济效益高的原则，共安排火炬项目811项，所需资金主要依靠贷款和自筹，财政安排少量引导性资金。火炬计划对发展我国的高新技术产业、增强国际竞争力发挥了重要作用。

在此过程中，高技术创业服务中心（以下简称“创业中心”）应运而生，其定位是高技术成果商品化、产业化创业阶段的服务机构，为高校院所、企业和科研人员的高技术科研成果进行产品开发与创办高技术企业提供服务。以服务为主、开发为辅是创业中心与其他科技开发机构的主要区别。其主要服务方式是从项目孵化入手，培育企业和企业家，力争孵化完成后形成独立、有一定规模、顺利运行的高技术企业。在孵化项目的选择上，聚焦产品的中试阶段，相当于同期火炬计划的预备项目。创业中心要建立自己的孵化场地，或买或租，同时要充分利用当地科研单位和大型企业的研究、试验、测试、生产条件。在考核评价方面，既重视创业中心的经济效益，又强调其孵化成功率、技术成果转化率，以及在孵和毕业企业的产值、利润、税收、创汇、市场占有率等指标。在发展中，创业中心优先与高新区建设紧密结合，加强成果转化链上下游的衔接，用好优惠政策、企业集聚、人才密集等方面的优势。

经过两年多的起步发展，火炬计划初步形成了“八个一”的体系：一个目标，即形成“大气候”，主要标志是年产值在整个国民生产总值中的比例力争1995年达到2.5%，2000年达到5%；一批项目，即实实在在的火炬项目，重点是项目水平、预备项目、风险资金、跨区域流动；一批企业，即按照新的运行机制创办的高新技术企业；一批开发区，特别是拟建的国家级开发区；一批科技创业服务中心，即建立孵化器，逐渐从开发向服务转变；一支队伍，特别是管理队伍；一套政策，即以国家高新区建设为重点的支持政策；一笔资金，即以银行贷款为主的火炬资金，国家专项贷款的规模不断扩大。

二、中关村

中关村地区从1983年开始出现了以民办科技为主体的官、民、学一起上的中关村“电子一条街”，主要从事计算机技术、生物技术、新材料技术的研究和开发。采取自筹资金、自愿结合、自主经营、自行决策、自负盈亏的方式，实行技、工、贸一体化，充分运用市场机制，为发展我国的高新技术产业走出了一条新路。从白石桥到北大、清华这条街的两侧，大约集中了148家高技术、新技术开发公司，1987年总销售额已经超过9亿元，其中利润将近1亿元。1984—1987年，中关村“电子一条街”开发销售的电子产品达4亿元，培训人员（主要是计算机技术方面）

达3.3万人次，发行讲义150多种共90多万册，业务覆盖面遍及全国29个省、自治区、直辖市和港澳等地。1986年，香港举办的软件展销会上共有86件产品，被外商选中7件，其中有5件是中关村科技企业研制的。1987年年底，新华社对中关村“电子一条街”进行了调研，并由此形成了4份报告。这一调研引起了中央领导的关注，并随即派出了由中共中央办公厅牵头的联合调查组对中关村“电子一条街”进行调查，调查组建议将高新技术产业开发区的试点工作放在中关村地区。1988年3月，中央财经领导小组同意在中关村试办高科技产业开发区，同年5月，国务院正式批准《北京市新技术产业开发试验区暂行条例》(以下简称《暂行条例》)。

《暂行条例》总共18条，包含两项最大的优惠政策：一是土地，在海淀区划出以中关村地区为中心的100平方千米左右的区域，建立新技术产业开发试验区。二是税收，试验区内的新技术企业，可以减按15%的税率征收所得税；企业出口产品产值达到该企业当年总产值40%以上的，可以减按10%的税率征收所得税；新技术企业开办3年内免征所得税，第4至第6年经批准可按前项规定的税率，减半征收所得税。

1988年6月，《北京市新技术产业开发试验区暂行条例实施办法》划定了试验区的范围，并明确北京市新技术产业开发试验区办公室作为海淀区人民政府的派出机构，全面负责试验区的各项管理工作。

中关村建设的出发点是建立符合我国国情的外向型、开放型高新技术产业开发区，跟踪世界先进水平，创建一批技、工、贸一体化的高效率、高效益的高新技术企业，开发一批优势产品并形成规模经济，进而在首都经济发展、城市管理和国内高新技术产业带动方面发挥积极作用。在思路上，发挥首都（特别是海淀区）智力密集优势，依托已有基础和条件，吸引科技人才、科技成果和资金，推动科学技术加快转化为生产力，坚持引进来和走出去相结合，探索科技与金融相结合的新路。在具体抓手上，坚持深化改革、政策引导、人才为主、发挥优势，重点推动法制、规划、效益、服务等 4 项重点工作，处理好学习国外经验与创新建设模式的关系，处理好全民、集体、个体高新技术企业的关系，处理好技、工、贸的关系，处理好区内外企业之间的关系，处理好区内高新技术企业和一般企业的关系，处理好国内市场和国际市场的关系。在加强政府的宏观经济管理方面，试验区办公室只设一室、两部、三所，即发展战略研究室、企业管理发展部、行政联络部、工商所、财政审计所、税务所，工作人员全部采取聘任制，工作的重点是对试验区建设和发展进行总体规划，制定政策法规并组织实施，对新技术企业及其技术和产品进行认定，加强企业财务的审计监督和税收征管。不直接干预企业微观经营活动，积极发展和利用各类中介机构，以服务企业的进出口、生产经营、专利、法律、会计等需求。

三、武汉东湖

武汉东湖新技术开发区是1984年年底筹建的，1985年提出的发展思路是有限目标、突出重点、项目起步、滚动发展，聚焦已具备优势基础、近中期应用前景好、有经济效益的项目，围绕光纤通信、激光技术、生物技术、新材料、微电子技术等重点领域，加快科技成果转化和产品研制推广。除了重大项目争取国家立项投资外，主要通过政策、贷款及多方筹措资金重点扶持。在区内建立一批小型高新技术企业群和配套的中间实验基地，开发和推广技术成果与产品，兴办科技企业，发展中外合资和外商独资企业，支持民办科研机构建立和发展，培育科技企业家。1986年9月，制定了有关新兴技术及新兴产业的“七五”发展规划，1986年12月，出台了建设武汉东湖新技术开发区的具体实施方案。1987年6月8日，东湖新技术创业者中心正式成立，以支持各类民办新技术研究开发机构为宗旨，为从事高新技术开发的创业者迅速起步创造条件，提供综合服务，提出的管理原则是扶而不骄、无为而治，创业者精神是团结、开拓、创新、求实，奋斗目标是一流的科技企业家、一流的科技企业、一流的新技术产品、一流收入的科技工作者。

大家都来高举火炬

1990年2月7日,《科技日报》头版刊发林默涵、魏巍同志的文章《大家都来高举火炬》。宋健同志做出批示，中国的振兴最终要靠高科技和新技术产业的发展和壮大，有了两位巨擘的激励，科技界必将以更大的干劲和勇气，将“火炬”烧得更旺，它照亮全中国之时，即为中国振兴之日。

有幸得到科技日报社张晶主任的帮助，查到了归档的报纸原件，转录原文如下：

编者按　林默涵、魏巍同志均为受人尊敬的文学界名人，如今亲自出来领衔推动以“促进我国高、新科技成果商品化，推动我国高、新技术外向型产业的建立和发展”为目标的火炬计划，必将使千千万万为火炬计划的实现而日夜拼搏的科技人员倍受激励与鼓舞。在此，我们向林默涵、魏巍同志，向许许多多为宣传和推动火炬计划实施的各界同志，致以最深切的敬意与祝愿。中国的振兴，最终要靠高科技和新技术产业的发展和壮大。当熊熊“火炬”照亮中国大地之时，我中华民族将以崭新的风貌屹立于世界民族之林。

《科技日报》和中国民办科技实业家协会的同志告诉我们，中央批准实施的火炬计划，主要的目的是促进我国高、新科技成果商品化，推动我国高、新技术外向型产业的建立和发展。这真是一件有意义的大事。他们和国家科委火炬办、火炬中心准备组织“火炬征文”活动，请文艺界、新闻界和有关各界宣传推动火炬计划的实施，并希望评委会由我们牵头。他们的热情，实在感动了我们。坚辞不能，我们这些科技门外汉也只好从命了。

中国要富强，生产力要发展，靠什么？除了正确的路线之外，最终可能是科学解决问题。中央把发展教育和科技作为重大国策来抓，是完全正确的。江泽民同志最近指出：“推动科技进步是全党全民的历史性任务。”我们年纪大了，不可能对科学技术从头学起。但老骥伏枥，做一点为发展高、新技术产业呐喊的事，宣传那些在第一线为火炬计划日夜拼搏的同志的精神，我们是责无旁贷的。朋友们、同志们都同意这个想法。

文学为什么服务的问题，历来是我们不可须臾忽视的根本问题。党领导的文学事业，只能为人民服务，为社会主义服务，为振奋民族精神服务，为发展生产力服务。这当然包括描写科技界的优秀人物、振奋科技战线的士气、促进科学技术的迅速发展。

写出好的火炬征文作品，不是一件容易的事。用2000字去描写一个人物，有难度。唯其如此，我们特别希望有经验的作家和记者带头撰稿。我们不反对写长东西。有内容有兴味发人深省的大部头，大家都喜欢。但现在，是短东西太少了。从这个意义上说，我们觉得，火炬征文的“字数限定”，也是对写短文的提倡。像鲁迅嘱咐的那样，多采一点千字文。总之，我们希望大家都来高举“火炬”，通过火炬征文，更加促进文学界、新闻界与科技界的结合，共同推动我国高、新技术产业的发展，为建设有中国特色的社会主义做出新的贡献。

第三章 “二次创业”

自1988年启动中关村建设，至2001年国家高新区所在市市长座谈会召开，中国高新区的发展通常会以2001年作为节点被划分为两次创业。关于第三次创业或者高新区进入新的发展阶段，尽管没有明确的重要会议或者文件来提出，但2012年已经成为高新区开启创新驱动发展新时期的重要节点。

1991年的12号文

1991年，《国务院关于批准国家高新技术产业开发区和有关政策规定的通知》（国发〔1991〕12号）印发了，批准天津新技术产业园区、石家庄高新技术产业开发区、沈阳市南湖科技开发区、长春南湖－南岭新技术工业园区、哈尔滨高技术开发区、武汉东湖新技术开发区、杭州高新技术产业开发区、南京浦口高新技术外向型开发区、福州市科技园区、济南市高技术产业开发区、威海火炬高技术产业开发区、郑州高技术开发区、广州天河高新技术产业开发区、中山火炬高技术产业开发区、成都高新技术产业开发区、重庆高新技术产业开发区、长沙科技开发试验区、合肥科技工业园、桂林新技术产业开发区、西安市新技术产业开发区、兰州宁卧庄新技术产业开发试验区等21个高新技术产业开发区为国家高新技术产业开发区。同时，依托经济特区、经济技术开发区设立的上海漕河泾新兴技术开发区、大连市高新技术产业园区、深圳科技工业园、厦门火炬高技术产业开发区、海南国际科技工业园也被确定为国家高新技术产业开发区。由此确立了首批26家国家高新区，并由国家科委负责归口管理和具体指导。

同时出台了《国家高新技术产业开发区税收政策的规定》《国家高新技术产业开发区高新技术企业认定条件和办法》《国家高新技术产业开发区若干政策的暂行规定》等政策文件，形成了国家高新区创立发展的政策基础。

1992 年，国务院发文同意在青岛、潍坊、淄博、太原、苏州、无锡、常州、南昌、佛山、惠州、珠海、昆明、贵阳、南宁、乌鲁木齐、包头、襄樊、株洲、洛阳、大庆、宝鸡、吉林、绵阳、保定、鞍山等 25 个城市建立国家高新技术产业开发区，国家高新区的规模达到 52 家，高新区建设发展步入全方位、大规模推进时期。1997 年 7 月，为解决 21 世纪中国粮食问题和中国干旱半干旱地区农业发展问题，国务院批准设立我国第一家国家级农业高新区——杨凌农业高新技术产业示范区。

1995 年 5 月，《中共中央　国务院关于加速科学技术进步的决定》（以下简称《决定》）发布，明确了国家高新技术产业开发区的定位是高技术产业培育和发展的重要基地，国家视其项目适当给予优惠政策。《决定》对高新区发展提出一系列要求：一是要建立良好的管理和运行机制，区内企业要率先建立现代企业制度；二是要重点塑造一批具有较大经济规模、自主开发能力和市场竞争能力较强、掌握知识产权、跨地区、跨行业的大型高技术企业（集团）。

1999 年 8 月，《中共中央　国务院关于加强技术创新，发展高科技，实现产业化的决定》发布，指出解决“科技、经济两张皮”问题的关键在于技术创新和产业化，要求“加强国家高新技术产业开发区建设，形成高新技术产业化基地……在区域经济发展中发挥辐射和带动作用”。

上述两个文件表明国家决策层对高新区的认识发生了两个方面的重大转变，一是从培育大企业转向营造创业环境，二是从强调科技进步转向重视技术创新，说明在实践中我们对高新技术产业发展规律的认识在不断提高。

1991—2001 年，高新区发展取得了长足的进步，技工贸总收入、出口总额等经济指标增速远高于同期全国平均水平，也涌现出一大批高新技术企业，成为我国高新技术产业的中流砥柱。但与此同时，高新区技术收入比重不断降低、高新技术产品出口中外资企业份额持续增大等问题，也暴露出高新区发展主要依靠土地税收等政策投入、自主创新能力建设相对滞后的不足。

2001 年 9 月，科技部举办国家高新区所在市市长座谈会，会上，国家高新区“二次创业”被首次提出，强调发展动力由优惠政策转向自主科技创新，指出国家高新区要着力推进和深化“5 个转变”，主要包括：从土地、资金等要素驱动转变为技术创新驱动；从优惠政策、招商引资转变为创新创业环境优化、内生动力培育；从大而全、小而全的产业形态转变为特色产业、主导产业；从硬环境建设转变为科技资源优化配置和优质服务提供；从注重引进来转变为引进来与走出去并重。

2002 年年初，科技部相继发布了有关支持国家高新区发展的一系列文件，指出未来 5 ~ 10 年，国家高新区将进入以科技创新和体制创新为重要原动力、以培育高新技术产业为主要任务的“二次创业”发展阶段，标志着国家高新区的“二次创业”正式拉开了序幕。

2005 年 8 月，国家高新区发展确定了“四位一体”的目标，即“促进技术进步和增强自主创新能力的重要载体、带动区域经济结构调整和经济增长方式转变的强大引擎、高新技术企业走出去参与国际竞争的服务平台、抢占世界高新技术产业制高点的前沿阵地”。

2006 年起，科技部相继发文，将建设世界一流高科技园区、创新型科技园区、创新型特色园区列为工作重点，逐步探索对国家高新区的分类管理。世界一流高科技园区，科技部选择北京中关村、上海张江、深圳、西安、武汉东湖、成都等 6 个高新区作为试点，从创新要素、创新文化、创新成果、国际化、产业组织、辐射能力、产业集群等方面着手，努力打造世界一流高科技园区，成为我国高新区发展的旗帜；创新型科技园区，2008 年《创新型科技园区建设指南》的发布象征着创新型科技园区的建设工作正式启动，旨在通过加强科研基础设施建设、吸引重大科技项目落地、提高企业创新能力等任务的实施，发展创新能力与产业竞争力较强的科技园区，从而引领区域和产业的科技创新和技术进步；创新型特色园区，2011 年我国启动创新型特色园区建设工作，旨在通过探索差异化发展道路，培育一批产业特色鲜明的国家高新区，使其具有较高的产业知名度和广阔的发展前景，在带动区域经济转变发展方式、调整产业结构中发挥重要作用。

2008年的金融危机对各经济体都产生了不同程度的打击，但在金融危机中，高新技术产业因其自主创新能力而呈现出较强的风险抵御能力和顽强的生命力，成为各国应对危机、重振经济的重要支撑，我国也将高新技术产业作为转变经济发展方式、培育新的经济增长点的重要手段，而聚集了大量高新技术产业的高新区也由此得到日益增长的关注。为应对全球金融危机、提振经济，从2009年开始，国务院根据形势需要，加速了省级高新区的升级工作。此前的2007年，宁波高新区获批升级；2009年，国务院批准泰州医药高新区和湘潭高新区升级为国家高新区；2010年9月和11月，国务院批准济宁等27家省级高新区升级为国家高新区；2011年6月，国务院批准上海紫竹等5家省级高新区升级为国家高新区；2012年8月，国务院批准徐州等17家省级高新区升级为国家高新区。

2011年1月17日，科技部召开新升级国家高新区建设座谈会，部长万钢、副部长曹健林出席，新升级的高新区主要负责同志参会，唐山、济宁、新余、白银等4家高新区所在城市的负责同志做交流发言。

国家自主创新示范区

2009 年 3 月、2009 年 12 月和 2011 年 3 月，国务院分别批复支持中关村科技园区、武汉东湖高新区、上海张江高新区启动示范区建设。建设国家自主创新示范区，充分发挥先行先试的优势，对完善科技创新体制机制、推进创新驱动发展、加快战略性新兴产业发展和转变经济发展方式等具有重要的示范带动作用。

2011 年 4 月 15 日上午，在武汉召开了国家自主创新示范区“1+3”工作联席会，科技部高新司，北京、上海、湖北科技行政部门，中关村科技园区、武汉东湖高新区、上海张江高新区等领导及相关负责人出席，示范区工作联动机制正式建立。

一、中关村科技园区

因为在北京几乎每天上下班都经过中关村，所以调研的次数很多。记忆中第一次是 2007 年 10 月 11 日下午到清华科技园调研，当时还去了搜狐公司、创毅视讯。2008 年 3 月 12 日上午，科技部和中关村科技园区管委会在北京创业中心 A 座第二会议室开展了学习贯彻党的十七大精神主题联学活动。当然印象最深刻的是2013年9月30日中央政治局集体学习前开展筹备工作时连续几个月的现场办公。以下的调研体会写于2009年3月。

从20年的实践看，中关村科技园区始终坚持以市场为导向的改革，释放和激发各类创新要素的活力，在技术创新、产业发展、创新资源聚集及制度创新等方面都进行了积极探索，取得了重大突破：一是重大技术创新成果持续涌现，新技术、新产品和新标准层出不穷。例如，曙光超级计算机、汉字激光照排、TD-SCDMA标准等均出自中关村科技园区。二是高新技术产业发展成绩显著，有力促进了区域经济又好又快发展，2008年中关村科技园区高新技术产业增加值已达1786亿元，占北京市地区生产总值的17%。三是体制机制不断创新，在全国率先开展了企业产权制度、投融资体制、企业信用、知识产权、股权激励、行政管理等方面的改革试点，形成了开放公平的市场环境、较为完善的科技基础设施和丰富的专业服务资源。四是高素质人才快速集聚，逐步形成了优秀人才的吸引、培养和流动机制。五是国际化发展迈出坚实步伐，成为我国高科技产业参与国际竞争的重要力量。20年来，中关村科技园区高新技术企业出口额从1000万美元增长到232.9亿美元，占北京市的40.5%，占全国高新区的11.9%。

中关村科技园区的建设和发展形成了一些很好的经验。发挥科教智力资源丰富的优势，促进产学研结合，推动高新技术成果的研发、转化和产业化。坚持解放思想、改革创新，积极探索科技与经济有机结合的路径和方式。营造有利于创新创业的发展环境，加速形成政府、企业、高校、院所、科技中介、金融机构联合推动自主创新的局面。构建鲜明的人文环境，形成“勇于变革、敢为人先”的创新创业文化，培育和弘扬“自主创新、民族品牌、产业报国”的创新精神。

作为我国第一个国家高新区和第一个国家自主创新示范区，中关村科技园区主动承担历史使命和责任。积极应对金融危机，发挥自身的科技优势，着力建设好创新支撑平台，支持企业成为创新主体，突破一批核心技术，形成一批战略产品，打造一批创新能力强、创新效益高的创新型企业。坚持自主创新，探索新的经济发展方式，提升发展质量和内涵，通过加快完善产业配套服务设施，提高创新成果的产业化能力和辐射能力；充分发挥资源禀赋优势，培育高新技术产业群；把研发产业和高技术服务业作为重点，着力发展附加值高、自主创新潜力大、技术水平领先的高端产业，增强产业的带动性；密切跟踪国际高新技术产业发展趋势，积极发展和布局带有前瞻性、方向性的战略性高新技术产业；以更大的力度推进改革创新，营造更好的体制机制环境，探索政府采购、股权激励等市场调节方式，支持企业把克服眼前困难同示范区建设结合起来；加大金融创新力度，发挥创业风险投资、多层次资本市场、信用担保体系等方面作用，建立比较完善的投融资体系；健全知识产权保护制度；加大引进人才力度，落实高端人才引进政策，加快培养科技领军人才。

二、武汉东湖高新区

2009 年 4 月下旬（具体时间记不准了），在办公室接到紧急任务，直接从单位去了机场，那是第一次到武汉东湖高新区调研。在应对金融危机的大背景下，2009 年是到高新区调研最多的一年，也是频繁到武汉东湖高新区的一年。2009 年 6 月 25 日，科技部副部长杜占元带队前往武汉东湖高新区调研，抵达当晚即在东湖宾馆召开座谈会。以下的调研体会写于 2009 年 8 月。

1991 年，武汉东湖高新区被国务院批准为首批国家高新区；2001 年，被国家计委和科技部批准为国家光电子信息产业基地，即“武汉·中国光谷”。“十五”期间，武汉东湖高新区主要经济指标年均增速达 28%。2008 年，武汉东湖高新区完成企业总收入 1759 亿元，是 1991 年的 417 倍；完成工业总产值 1572 亿元，是 1991 年的 423 倍。

一是积极落实国家战略，特色高新技术产业跨越发展，成为引领带动地方发展的引擎。追踪全球高科技产业发展趋势，结合高新区的实际，发展特色高新技术产业，高新技术产业产值占湖北省高新技术产业总产值的 45%，占武汉市高新技术产业总产值的 81%。发挥光电子信息产业集聚的优势，突出产业特色，不断优化产业结构，形成了以光电子信息、生物、新能源与节能、现代装备制造和现代服务业为主的产业集群。高新技术服务业快速发展，在煤电烟气脱硫、钢铁企业技术改造、大桥设计等领域，保持了世界一流的技术水平，为高新技术改造传统产业做出了突出贡献。

二是坚持自主创新，创新成果大量涌现，成为我国重要的技术创新中心。武汉东湖高新区有 42 所高等院校、56 家中央及省属科研院所、33 家国家重点实验室和工程技术研究中心、37 家省级重点实验室和工程技术研究中心、8 家国家企业技术中心。充分配置各类创新资源，不断推进技术创新，主导制定了国际标准 5 项、国家标准 80 项、行业标准 110 项。“十五”时期，武汉东湖高新区共申请专利 6300 多件，其中发明专利 3243 件，发明专利申请量占武汉市发明专利申请量的 60%，专利授权率达 70%。武汉东湖高新区建起了国内最大的光通信技术研发基地和国内最大的光电器件生产基地，诞生了中国第一根光纤、中国第一个光传输系统。武汉东湖高新区企业在光通信领域提出 4 项标准，被国际电联批准为国际标准，实现了我国在光通信领域国际标准零的突破。

三是构建公共服务平台和产业联盟，促进产学研结合，企业成为自主创新的主体。始终坚持把促进产学研结合、提升自主创新能力作为立区之本、发展之基，构建了由光电国家实验室、国家重点实验室、企业国家重点实验室、国家工程研究中心、省市工程研究中心、企业研发中心组成的自主创新平台，建设了软件开发与测试、光电子企业信息协同服务、光电子产品测试、大型科学仪器共享、动漫公共技术服务、光电子信息产品质量监督检验等开放式的公共服务平台。以企业为主体的产业联盟活跃，烽火科技集团牵头组建了我国光纤接入（FTTx）产业联盟，服务外包产业联盟成员单位达到18家。

四是走内生型发展道路，促进科技成果转化，成为中部地区重要的创业就业基地。武汉东湖高新区企业85%以上的原始科研成果、80%的创业人员、90%的科技骨干直接来自区内高等院校和科研院所。其系统总结和提出了科技成果转化的“四级跳”模式，即科技成果在高校产生—科技成果在高校周边孵化—孵化企业在大学科技园成长—企业再到专业科技产业园规模发展。2008年，已建有各类孵化器11家，孵化总面积达80万平方米，在孵企业1000多家。仅武汉东湖新技术创业中心就已累计孵化企业957家、孵化科技项目900余项，毕业企业560家，成活率75%。聚集企业近2万家，每年平均新增企业2000余家，共吸纳了23.3万人就业，其中高校毕业生的比例达55%。

三、上海张江高新区

2007年6月8日，陪同宁夏回族自治区科技厅来司里挂职的徐辉副司长到上海张江高新区调研，主题是内资和外资企业所得税法合一的影响。同年9月19日，再到上海张江高新区调研，开会的地点是张江路69号314会议室，主题是了解经济社会又好又快发展。

2010年7月21日，科技部副秘书长王志学带队到上海张江高新区调研，赵玉海司长等陪同。2010 年 8 月 17 日，科技部副部长杜占元带队调研上海张江高新区，张志宏副司长等陪同。

自 1986 年启动建设以来，上海张江高新区不断打造核心竞争力。1991 年，被国务院批准为首批国家高新区之一。2006 年，上海张江高新区和中关村科技园区、武汉东湖高新区等被科技部列为全国 6 个建设世界一流高科技园区的试点。2009 年，上海张江高新区完成企业总收入 5169 亿元，是 1991 年的 198 倍；完成工业总产值 3549 亿元，是 1991 年的 136 倍。这有力促进了地方产业结构调整，支撑了经济社会发展。特别是在应对国际金融危机的过程中，上海张江高新区充分发挥自主创新的支撑作用，保持了平稳较快发展，2009 年实现工业增加值 1154 亿元，同比增长 14.6%，高于全市地区生产总值增幅 6.0 个百分点。

一是特色高新技术产业集群基本形成，成为带动区域经济发展的重要引擎。上海张江高新区结合实际，培育有优势、有特色的高新技术产业集群，在电子信息、先进重大装备、生物医药、软件和信息服务等领域已经成为上海市主导产业的重要组成部分，国务院有关部门批准建立了生物医药、集成电路设计等国家级产业基地 20 多家。上海张江高新区高新技术产业产值占上海市高新技术产业总产值的 60%，成为地方发展高新技术产业的重要载体。集中了全国集成电路领域 40% 的企业，涵盖了设计、流片、封装、测试等多个环节。生物医药研发、制造单位有 400 多家，覆盖了药物发现、评价、动物实验、临床试验等新药创制环节。抗艾滋病原料药占据了全球40%的市场份额，心脏搭桥支架约占全国50%的市场份额。已形成新药产品229种，在研药物品种260种，申报新药临床研究208项。金融服务业成为上海张江高新区新的品牌。18家国内顶级金融机构的数据中心落户上海张江高新区，每日人民币国际汇率最后牌价、上海各类商品期货结算价等都诞生于此。上海张江高新区还形成了软件、新能源汽车、环保、航空航天、半导体照明、物联网等一批产业集群。

二是自主创新能力显著提升，创新成果持续涌现。上海张江高新区有“211”以上高校7所，其中“985”高校4所，各类科研院所100余家，建有船舶与海洋工程国家实验室、同步辐射光源及超级计算中心等一批大科学装置，有34家国家重点（工程）实验室和工程（技术）研究中心、131家省部级重点实验室和工程（技术）研究中心及13家国家企业技术中心。充分发挥创新优势，优化资源配置，不断推进科学研究和技术进步。仅在“十一五”期间，区内的科研机构先后两次获得国家科学技术进步奖特等奖，高端硅基SOI材料、极大规模集成电路制造成套工艺等一批成果获得国家科学技术进步奖一等奖，上海核工程研究设计院、上海超级计算中心、国家人类基因组南方研究中心等一批单位累计获得数十项国家自然科学、国家技术发明、国防科技进步等方面的奖项。截至2009年年底，高新区内企业累计申请知识产权20 000余件，共拥有有效专利6879件，其中有效发明专利3422件，软件著作权登记达2368件。

三是深入实施技术创新工程，企业逐渐成为创新的主体。上海张江高新区积极打造企业为主体、产学研结合的技术创新战略联盟。普华软件、上海贝尔、上海广电等龙头企业牵头组建了22个产业创新联盟，在技术研发、共同攻关、产品配套、分工协作、共享专利、市场拓展等方面加强合作。产业创新联盟促进了以企业为主体的产学研结合，提升了企业的自主创新能力。高频语音通信SOC芯片、模拟移动广播电视芯片、多媒体编解码芯片、CMOS图像传感芯片等快速发展，20流明微型激光投影仪、第三代电子书、商用微机电陀螺仪、超级电容车等高新技术产品成功研制。

四是坚持开放式创新，技术辐射力和人才集聚度显著提升。上海张江高新区积极扩大对外开放，充分利用国际国内两个市场、两种资源，不断优化创新创业环境，鼓励和支持高校、科研院所的科技人员和高校毕业生转化科技成果并通过转化成果创业。通过大学科技园和孵化器，推动科技成果转化，不断培育高新技术企业，成为吸收上海和长三角地区高校毕业生的重要基地。已建有大学科技园6家、各类孵化器30家，孵化总面积36万平方米，在孵初创企业1800家，其规模位居全国高新区前列。聚集企业近万家，每年新增企业1000余家。截至2009年年底，区内企业共吸纳了39.6万人就业，其中大专以上人员超过50%。上海张江高新区成为海外高层次人才回国或来华创新创业的首选之地，吸引了184家世界500强企业和300多家外资研发机构。

部分高新区调研情况

2005年11月至2011年11月，我所在的处室对口联系高新区工作，有机会参与了一些调研任务，以下的高新区都是实地调研过的，但时间久了，部分时间地点无法还原了，摘录了部分当时的情况来介绍。

一、宁波高新区

2005年11月，陪同科技部副部长马颂德到宁波高新区调研，耿战修巡视员等陪同。宁波高新区于1999年7月批准成立，面积10平方千米，坚持把发展高新技术作为根本任务，通过创造局部优化的环境，大力培育有竞争优势和发展前景的高新技术产业，已经成为宁波市高新技术产业化成果丰硕、高新技术企业集中、创新创业氛围浓厚的区域，在社会主义现代化建设中起到了良好的示范、引领和带动作用。2006年，宁波高新区高新技术企业115家，占全市的55.3%，占区内规模以上工业企业的75.7%；高新技术产业产值81.6亿元，占全市的51.2%，占区内规模以上工业总产值的78.2%；有各类研究开发机构120多家。建设宁波高新区，有利于宁波市集聚高科技人才和高新技术企业；有利于促进民营资本与高新技术产业结合，探索民营经济发展的新模式；有利于进一步优化长三角地区高新技术产业的布局。

二、青岛高新区

青岛高新区 1992 年被国务院批准为国家高新区，由崂山高科园、黄岛试验区、市北科技街 3 个部分组成，规划建设面积 9.8 平方千米。10 多年来，青岛高新区以创新为动力，以改革促发展，主要经济指标以年均 30% 的速度增长，科技企业孵化器的运行质量较高。2006 年，青岛高新区高新技术企业 357 家，占全市的 52.3%，高新技术产业产值 734 亿元，占全市的 53.5%，为青岛高新区实施以增强自主创新能力为核心的“二次创业”发展战略奠定了基础。

三、泰州医药高新区

2008 年 1 月 12 日，陪同耿战修巡视员到泰州医药高新区调研。泰州市是全国科技进步先进市、技术创新区域试点城市、科技兴贸出口创新基地，医药产业具备良好的基础。泰州市大力发展医药特色产业，形成了集科研、生产、流通于一体的医药产业体系，是我国最大的中成药、麻醉药、维生素生产基地之一。2007 年，医药产业产值占江苏省的 1/3，增速保持在 35% 以上，企业资产利税率是国内平均水平的两倍多。2007 年 3 月，泰州经济开发区更名为泰州医药高新技术产业开发区，规划面积 8.8 平方千米，主要由医药研发中试区、医药产业区、综合及配套区等部分组成。南京大学、复旦大学、中国药科大学、美国加州定量生物科学研究所、休斯敦医学中心等一批高等院校和研究单位均在泰州医药高新区建立了分支机构。一批新药成果相继进入转化、孵化和产业化阶段。江苏省新药创制平台、江苏省兽药创制平台、江苏省药物制剂工程技术研究中心、江苏省生物医药工程技术研究中心等一批医药创新创业平台也相继在泰州医药高新区建立。此外，泰州医药高新区内企业还建有博士后工作站 3 家、药物研究机构 30 家。截至 2007 年年底，泰州医药高新区有高新技术企业 70 余家，占全市的 68%，高新技术产业产值 291.82 亿元，占全市的 92%。经评价，泰州医药高新区已基本具备升级的条件。

四、湘潭高新区

湘潭市有大中专院校 17 所，其中高等院校 7 所，在校大学生 20 万人，科技人才数量超过 15 万人，均居湖南省辖城市（含长沙市）的第 2 位；人均 GDP 及高新技术产业产值分别居湖南省辖城市的第 2 位和第 3 位，高新技术产业增加值占工业增加值的比重居湖南省辖城市的第 1 位；专利授权量居湖南省辖城市的第 3 位，人均授权量居湖南省辖城市的第 2 位；人均高新技术产业产值和人均可支配收入居湖南省辖城市的第 3 位。湘潭高新区是

1992 年批准设立的省级高新区，规划面积 11.70 平方千米。2007 年，区内高新技术企业 134 家，占全市的 84%；高新技术产业产值 234 亿元，占全市的 86%，同比增长 37%。建设湘潭高新区，推动长株潭两型社会综合配套改革试验区建设，有利于湘潭市以至长株潭城市群集聚高科技人才和高新技术企业，进一步优化长株潭地区高新技术产业的布局，辐射带动中部地区高新技术产业发展。

五、营口高新区

2011 年 10 月 12 日上午，张志宏副司长带队到营口高新区开展新升级国家高新区督察。营口市是辽宁沿海经济带和沈阳经济区的交汇点，也是辽宁省重点打造的第 3 个特大城市和重要经济增长点。营口高新区是 1994 年批准成立的省级高新区，面积为 5 平方千米。营口高新区特色高新技术产业集聚效应显现，新材料、先进装备制造两大主导产业集群基本形成，2009 年实现产值 239.3 亿元。以企业为主体的技术创新体系日趋完善，拥有泡沫碳化硅陶瓷材料等在国内行业中技术领先的产品百余种，建立企业技术研发中心 24 家，科技企业孵化器总面积已超 10 万平方米。建设营口高新区，有利于落实国务院关于辽宁沿海经济带发展规划和沈阳经济区新型工业化综合配套改革的战略部署，加快辽宁老工业基地振兴，促进产业结构优化升级，发挥高新区的科技创新优势，加快建设辽宁渤海科技城，完善区域创新体系，发挥沿海地区的区位和产业优势，加快与沈阳、大连的资源集成和互动，辐射带动辽西地区经济发展。

六、辽阳高新区

2011 年 10 月 12 日下午，张志宏副司长带队到辽阳高新区开展新升级国家高新区督察。辽阳高新区 1992 年经辽宁省人民政府批准设立，2005 年通过开发区审核公告，核准面积 4.37 平方千米。综合实力明显增强，2009 年实现高新技术产业增加值 49.7 亿元，占全市的 46.9%。特色产业集群初步形成，培育了芳烃及精细化工、工业铝型材两大优势产业，建成了世界第三、国内最大的芳烃深加工生产研发基地，培育了辽阳石化、忠旺等龙头企业。创新体系日趋完善，与石化领域多所高校开展了产学研合作，形成自主研发科技成果百余项，累计获授权专利 363 件。管理体制不断创新，市级经济管理权限下放高新区，运行机制更加灵活高效，形成了有效的政策保障体系。辽阳市是沈阳经济区的重点城市之一，也是辽宁省重要的芳烃及精细化工深加工产业化基地。建设辽阳高新区，有利于落实国务院关于沈阳经济区新型工业化综合配套改革的战略部署，承接沈阳市高新技术产业的转移；有利于加速传统产业优化升级，促进重化工业城市振兴，培育经济增长持续动力。

七、上海紫竹高新区

2009 年 9 月 24 日，到上海紫竹高新区调研。上海紫竹高新区是 2001 年经上海市人民政府批准设立的省级高新区，2006 年通过开发区审核公告，核准面积 8.6818 平方千米，在新能源、航空航天、软件等领域形成了具有特色的研发产业集群。上海紫竹高新区以研发为主导的产业布局经受住了世界金融危机的严峻考验，逆势增长。上海紫竹高新区科教资源丰富、自主创新能力较强。拥有两院院士 46 人，占全市的 29%；拥有专任教师 5000 余人、在校大学生 7 万余人，各类科研人才数量超过 3 万人，是中组部认定的海外高层次人才创新创业基地。上海紫竹高新区拥有 9 家国家重点实验室、4 家国家工程（技术）研究中心。加快推动上海紫竹高新区建设，有利于上海市集聚高科技人才和高新技术企业，进一步优化区域高新技术产业布局；有利于促进上海市率先实现产业结构优化升级，辐射带动长三角地区经济发展。

八、昆山高新区

昆山高新区核准面积 7.86 平方千米，经过十几年的努力，综合实力明显增强，2009 年实现高新技术产业产值 1076 亿元，占全市的 60%，连续两年在全省省级各类园区评价排名中居第一位。形成了以模具为特色的精密机械产业集群、以太阳能和风能为特色的可再生能源产业集群、以新型平板显示为特色的电子信息产业集群。创新创业服务体系完善，技术、人才、资金等创新要素集聚，创新平台与支撑机构较全，引进和培育各类研发机构 196 家。企业技术创新能力不断增强，拥有高新技术企业 104 家，占全市的 58%，2009 年累计获得授权专利 1669 件。发展环境进一步优化，建成了 9.27 万平方米的工业技术研究院，成立了总注册资金 5.67 亿元的投资基金，形成了完善的政策体系，2009 年高新区科技经费支出占财政支出的比例达 4.5%。昆山市是我国大陆台商投资最为密集的地区之一，外向型经济高度发达，地域经济特色鲜明，是长三角地区的重要城市。建设昆山高新区，有利于探索具有中国特色的自主创新道路，推动海峡两岸新一轮经贸合作，建设与完善区域经济创新体系，加快推进长三角一体化进程，使昆山高新区成为外向型经济向创新型经济转变的示范区。

九、芜湖高新区

2004 年 10 月 16 日，到奇瑞公司调研，也顺路到了芜湖高新区。2009 年 7 月 17 日，参加国家发展改革委牵头的皖江城市带承接产业转移调研，再次到芜湖高新区。芜湖高新区是 1991 年经安徽省人民政府批准成立的，2006 年通过开发区审核公告，核准面积 6.5 平方千米。芜湖高新区大力培育高新技术产业，已经成为安徽省高新技术产业的重要基地，有力推动了芜湖市经济持续健康发展，初步形成了汽车及零部件、节能环保、电子信息等特色产业集群。2009 年，主导产业营业总收入占到高新区经济的

80%，特别是具有自主品牌的汽车产业，产业链条完善，竞争优势突出。企业创新能力和竞争力不断增强，以奇瑞为代表的107家高新技术企业快速成长，培育了一批自主品牌企业，企业研发经费投入22亿元。体制机制不断创新，安徽省人民政府专门出台了支持芜湖高新区发展的文件，一批政策在高新区先行先试。创新创业环境不断优化，科技企业孵化器面积6.5万平方米，吸引和集聚了一批国内外高层次人才。芜湖市位于皖江城市带和合芜蚌自主创新综合试验区的交汇点。推动芜湖高新区建设，有利于发挥皖江开发开放龙头作用，提升承接产业转移的水平；有利于增强企业技术创新能力，培育民族品牌产业；有利于促进芜湖市建设创新型城市，推进国家技术创新工程试点省工作。

十、济宁高新区

济宁高新区是1992年经山东省人民政府批准设立的省级高新区，2006年通过开发区审核公告，核准面积9.6平方千米。2009年，济宁高新区实现工业总产值1239亿元，占全市工业总产值的36.6%，高新技术产业产值占全市的52.9%。主导产业优势明显，形成了新能源和光电信息、新医药和生物、先进装备制造、新材料等产业集群，拥有一批具有较强竞争能力的龙头骨干企业。建设了产学研结合创新、科技成果转化、人才支撑服务和科技金融等公共平台，支持企业建立了一批工程技术中心、中试中心和产业技术创新联盟，拥有5家国家重点实验室、7家公共技术创新平台、4家博士后流动站、46家产学研合作基地和近百家工程技术中心。不断创新体制机制和投入方式，建立了多层次产学研合作机制，在科技金融、知识产权等方面开展了积极探索并取得成效。济宁市地处安徽省、河南省、山东省和江苏省的交界处。加快建设济宁高新区，有利于激发淮海经济区发展潜力和活力，促进长三角和环渤海地区间的协同发展；有利于发挥科技创新的支撑作用，辐射带动鲁南经济带的健康快速发展；有利于优化济宁市产业结构，加快发展方式转变。

十一、烟台高新区

2010年6月26日，到烟台高新区调研。烟台高新区1990年经批准设立，2006年通过开发区审核公告，核准面积14.6477平方千米。2009年高新区营业总收入628.9亿元，同比增长16.4%，高新技术企业营业总收入122.0亿元。创新要素有效集聚，区内拥有8所高等院校和17家省级以上科研机构，拥有省级以上重点实验室、工程技术研究中心、企业技术中心32家。对外合作水平不断提升，已同俄罗斯及独联体国家的150多家单位建立了合作关系，一批国外高新技术成果顺利在高新区实现产业化。烟台市是环渤海经济圈的重要港口城市，位于山东半岛东部，烟台高新区是国务院批准的10个中国亚太经济合作组织科技工业园区之一。推动烟台高新区建设，有利于加快实施山东半岛蓝色经济区发展战略，提升我国海洋资源利用和产业发展水平；

有利于加速用高新技术改造提升传统产业，优化区域产业结构，辐射带动胶东半岛战略性新兴产业发展；有利于提高对外开放和承接国外高新技术产业的水平。

十二、安阳高新区

2010 年 6 月 5 日，到安阳高新区调研。安阳高新区是 1995 年经河南省人民政府批准设立的省级高新区，2005 年通过开发区审核公告，核准面积 5.26 平方千米，依靠科技创新，深化以市场为导向的改革，激发和释放各类创新要素的活力，在河南省经济社会发展中起到了良好的引领和带动作用，是全省综合排名第一的省级高新区。2009 年，安阳高新区实现高新技术产业产值 181 亿元。产业特色较为鲜明，初步形成数字化先进装备、光伏新能源、电子显示器件和生物技术等四大特色产业集群。围绕特色产业发展，集聚创新资源，拥有国家级研发机构 3 家，本、专科院校 6 所。企业创新能力逐步提升，建立了一批工程技术中心，拥有高新技术企业 19 家，占全市总数的 82.6%。持续改善创新创业环境，科学制定发展规划，积极出台促进人才引进、创业投资、技术创新的相关政策。安阳市地处晋冀鲁豫协作区的腹地，是河南省重要工业基地。建设安阳高新区，有利于激发中原经济协作区的创新活力，推进晋冀鲁豫四省科技、经济的合作交流；有利于依靠科技创新，加快产业转型升级，探索安阳等区域次中心城市转变发展方式的途径；有利于推动安阳 - 许昌高新技术产业带建设。

十三、南阳高新区

南阳高新区1995年经河南省人民政府批准设立，2005年通过开发区审核公告，核准面积9.2平方千米。南阳高新区坚持深化改革，大力培植特色高新技术产业集群，加强创新体系建设，不断优化发展环境，激发和释放各类创新要素的活力，形成了光电、现代装备制造、新材料等高新技术产业集群，2009年南阳高新区实现工业增加值80.4亿元，占南阳市工业增加值的40%，防爆电机、光学引擎等领域取得了一大批成果，已建立企业技术中心23家。产学研合作模式不断创新，区内90%以上的高新技术企业与高校院所建立了合作关系，引进了一批省级以上研发机构。政策环境进一步优化，管理体制精简高效，运行机制更加灵活，在人才、土地、财政、环保等方面出台了一系列新的支持措施。南阳市东连长三角经济区，西接关中经济区，北临中原城市群，南毗武汉经济圈，还是我国南水北调中线工程核心水源区和渠首所在地。建设南阳高新区，有利于依托高新技术产业实现区域经济生态化发展，保障北方用水安全；有利于发展光电等战略性新兴产业，培育新的经济增长点，促进多个经济区域协同发展。

十四、东莞松山湖高新区

2010年9月9日下午，科技部副秘书长王志学带队到东莞松山湖高新区专题调研科技人才发展。东莞松山湖高新区是2001年经广东省人民政府批准设立的省级高新区，2006年通过开发区审核公告，核准面积10平方千米，坚持高起点规划、高标准设计、高效率运行的发展理念，在广东省科学发展和产业升级方面发挥了示范、辐射、带动作用。高新技术产业集聚效应明显，形成了电子信息、高端装备制造、生物医药等主导产业集群，集聚了高新技术企业204家，占全市总数的82.9%。产业转型升级服务体系日趋完善，区内拥有国家级和省级科研机构50多家，引进了世界银行办事处等46家中介服务机构。创新创业环境不断优化，东莞市出台了26项支持措施，行政服务、产学研合作、人文环境、生态环境持续改善，高新区绿化覆盖率超过60%，万元工业增加值能耗仅为0.37吨标准煤。东莞市位于广东省中南部，地处穗深港经济走廊中段，具有重要的区位优势。建设东莞松山湖高新区，有利于提升东莞市区域创新能力和产业竞争力，加快东莞市传统产业转型升级；有利于强化穗莞深和广佛肇的经济合作，推进珠三角经济一体化进程；有利于促进民营科技企业“走出去”，提高对外开放水平。

十五、肇庆高新区

肇庆高新区是1998年经广东省人民政府批准设立的省级高新区，2006年通过开发区审核公告，核准面积22.5204平方千米。肇庆高新区已经成为肇庆市高新技术产业规模化、集约化、高端化发展的区域。形成了以新型电子元器件、金属新材料为代表的特色产业集群，集聚了243家规模以上工业企业，2009年高新区高新技术产业产值达到631.2亿元，占全市的80.2%。企业自主创新能力不断提升，风华高科、亚洲铝业等一批企业的产品技术水平国内领先，区内拥有高新技术企业127家，占全市总数的72.2%。创新载体和服务体系进一步完善，拥有省级以上工程中心和企业技术中心17家，科技企业孵化器面积18.5万平方米，建成了以清华大学肇庆科技成果转化基地为代表的一批产学研合作平台。肇庆市是广东省西部的重要城市。建设肇庆高新区，有利于贯彻落实《珠江三角洲地区改革发展规划纲要（2008—2020年）》，加快提升珠江口西岸城市的经济社会发展水平；有利于构建广佛肇经济圈，依靠科技创新增强区域经济发展实力；有利于承接粤港澳高新技术和产业转移，高效集约利用土地，培育战略性新兴产业集群；有利于辐射带动粤西地区经济发展，加强对西江经济带的支撑。

十六、柳州高新区

2010年4月18日上午，赴柳州高新区调研。柳州高新区成立于1992年9月，2005年通过开发区审核公告，核准面积1.1平方千米。主导产业特色鲜明，汽车、机械、冶金三大主导产业优势突出，2009年柳州高新区高新技术产业产值580亿元，占全市高新技术产业总产值的83%。形成了比较完备的汽车及零部件产业体系，微型电动车在全国处于领先水平，是国家有色金属产业示范基地，拥有铟产业技术与市场控制权，新材料、生物制药、机电一体化与电子信息、新能源及环保等新兴产业发展卓有成效，形成了多种产业并存的现代工业体系。企业自主创新能力不断提升，拥有高新技术企业62家，占全市总数的88.6%。产学研合作更加紧密，与清华大学、复旦大学、北京有色金属研究总院等150多家高校院所开展合作，建立了一批工程（技术）研究中心。体制机制持续创新，成立了广西第一家科技创业投资公司，建设了在校学生10万人的职业教育园区，探索了海外高层次人才的引进模式。柳州市是广西北部湾经济区和西江经济带的重要交汇点，也是我国华南、西南地区的工业重地。建设柳州高新区，有利于推动少数民族地区加快发展；有利于促进西江经济带和北部湾经济区的协同建设，促进中国－东盟自由贸易区发展；有利于依靠科技创新，推动传统产业优化升级，培育战略性新兴产业。

十七、渭南高新区

渭南高新区1992年经陕西省人民政府批准设立，2006年通过开发区审核公告，核准面积14.2309平方千米。渭南高新区经济总量快速增长，运行质量明显提升，2009年高新区实现工业增加值44.5亿元，同比增长21.8%。依托区域资源优势，形成了精细化工和装备制造两大优势产业，培育了现代医药、职业教育、新能源和现代服务业等特色产业，涌现出科赛机电等一批成长性较好的高新技术企业。积极推进与西安交通大学、西北大学等高校的产学研合作，共享科研资源。发展环境进一步优化，出台了财政、金融、公共服务等支持措施，建设了一批科技中介服务机构，配套基础设施不断改善。渭南市是关中平原东部的重要城市，区位优势明显，发展潜力巨大。推动渭南高新区建设，有利于加快推进关中－天水经济区建设，支撑和带动西部地区发展；有利于发挥西安市创新资源，加快“一线两带”建设，促进陕西省由科教大省向科教强省的跨越式发展；有利于突破行政界限，推进晋陕豫黄河金三角区域协调发展。

十八、白银高新区

2010年8月26日，到白银高新区调研。白银高新区是2001年白银市人民政府与中国科学院合作创建的省级高新区，2006年通过开发区审核公告，核准面积8.0505平方千米。2009年，高新区实现工业增加值 32.2 亿元，占全市工业增加值的 27%。探索了新的产学研合作模式，有效发挥了中科院的创新资源，成功转化了一批科技成果，提升了产业发展水平。集聚了一批技术研发和科技服务机构，搭建了企业技术创新服务平台，16 家省级开发类院所在区内设立了成果转化基地，建立了 12 家省级以上工程技术研究中心。坚持循环经济理念，不断延伸和完善产业链，提升了资源综合利用水平。白银市是全国首批资源枯竭转型城市。建设白银高新区，有利于落实国务院批准的《甘肃省循环经济总体规划》，探索西部内陆地区创新驱动发展的新模式；有利于依靠科技创新促进资源产业转化增值，培育接续替代产业，优化产业结构；有利于加强与兰州、银川、西宁 3 个省会城市的合作，形成新的经济增长极。

十九、昌吉高新区

2010 年 5 月 20 日，到昌吉高新区调研。昌吉高新区 2000 年 6 月经新疆维吾尔自治区人民政府批准设立，2005 年通过开发区审核公告，核准面积 11.257 平方千米。昌吉高新区以市场为导向，不断激发和释放各类创新要素的活力，培育高新技术产业集群，已成为新疆科技创新和产业发展的重要示范基地。2009 年，昌吉高新区高新技术产业产值占高新区工业总产值的 45%。形成了输变电装备、新材料、新能源、精细化工等一批特色产业。企业自主创新能力不断提升，培育了以特变电工、潞安煤机为代表的一批高新技术企业。与多家高校院所开展合作，建立了一批工程（技术）研究中心。体制机制持续创新，创新创业环境不断优化，在人才引进和培养、创新创业型企业孵化等方面出台了一系列政策措施。昌吉市位于天山北坡经济带，是乌昌（乌鲁木齐市和昌吉回族自治州）一体化的重要城市。建设昌吉高新区，有利于依靠科技创新，推动传统产业优化升级，培育战略性新兴产业，加快新疆经济发展方式转变；有利于加强与中亚国家的科技和经济合作，提高产业国际竞争力。

二十、唐山高新区

唐山高新区 1992 年经河北省人民政府批准设立，2006 年通过开发区审核公告，核准面积 4.5 平方千米。十几年来，唐山高新区综合实力明显增强，2009 年实现高新技术产业产值 65 亿元，连续 5 年经济运行质量居全省省级以上高新区首位，科技型企业占工业企业总数的 80%。产业特色鲜明，初步形成新型建材、生物医药、智能仪器仪表、节能环保等六大产业集群，2009 年实现利润 8.55 亿元，占全区利润的 97.9%。科技创新体系逐步完善，累计引进和设立研发机构、工程中心 52 家，与中科院、清华大学等高校院所建立了产学研合作机制，构建了比较完善的企业孵化和技术创新公共服务平台。唐山市位于河北省东部，地处环渤海湾中心地带，拥有曹妃甸港口的地理优势。加快建设唐山高新区，有利于完善环渤海区域的高新技术产业布局，提升整体发展实力；有利于推进河北环京津国家高新技术产业带建设，承接京津高新技术成果转化和产业转移；有利于改变钢铁、煤炭等传统产业占据工业主导地位的局面，加快资源型城市转型升级，培育新的经济增长点。

二十一、燕郊高新区

2011 年 3 月 28 日，到燕郊高新区调研。燕郊高新区 1992 年经河北省人民政府批准设立，2006 年通过开发区审核公告，公告名称为燕郊经济开发区，核准面积 15.31 平方千米。2009 年，经河北省人民政府批准，更名为燕郊高新技术产业园区。2009 年，实现地区生产总值 188 亿元。高新技术产业迅猛发展，拥有高新技术企业 82 家，高新技术产业的经济贡献率达到 58%，形成了电子信息、生物医药、新材料等特色产业集群。创新要素不断积聚，拥有各类科研机构 30 多家、高等院校 8 所，建成了 2.3 万平方米的科技企业孵化器。服务体系逐步完善，行政管理体制不断优化，出台了一系列政策措施，运行机制更加高效灵活。燕郊高新区位于河北省廊坊市，紧邻北京市，区位优势明显。推动燕郊高新区建设，有利于承接京津高新技术成果转化和产业转移，培育区域经济增长的新动力；有利于完善河北环京津国家高新技术产业带布局，促进发展方式加快转变；有利于发挥北京中关村、天津滨海两个国家高新区的辐射带动作用，促进创新要素流动和资源共享。

二十二、延吉高新区

2011年10月18日，耿战修巡视员带队赴延吉高新区开展新升级国家高新区督察。延吉高新区1993年经吉林省人民政府批准设立，2006年通过开发区审核公告，核准面积5.33平方千米。2010年，经吉林省人民政府批准更名为延吉高新技术产业园区。延吉高新区形成了以医疗器械、电子产品为主导的高新技术产业集群，2009年实现高新技术产业产值104.9亿元，同比增长28.5%。创新创业环境不断优化，依托延边大学等科技资源优势，引导企业创新孵化，创办了9万多平方米的科技企业孵化器，累计孵化企业100多家，成为全市科技创业的重要载体，增强了区域经济发展的动力和活力。延吉市是吉林省和东北亚图们江地区重要的中心城市，是延边朝鲜族自治州首府。建设延吉高新区，有利于加快长吉图经济社会发展，提高少数民族地区经济发展质量；有利于图们江地区的开发开放，加快图们江地区高新技术产业带的形成；有利于发挥地缘优势，面向东北亚，提高边疆地区高新技术产业的国际化发展水平。

二十三、齐齐哈尔高新区

齐齐哈尔高新区1994年经黑龙江省人民政府批准设立，2005年通过开发区审核公告，核准面积3.31平方千米。2010年，经黑龙江省人民政府批准更名为齐齐哈尔高新技术产业园区，在黑龙江省经济社会发展中起到了良好的示范作用。装备制造、绿色食品两大特色产业快速发展，2009 年高新区实现营业总收入 241.8 亿元。创新体系不断完善，建立了省级以上科研机构 12 家，培育了国家级和省级重点实验室 17 家，区内企业和科研机构承担国家科技重大专项 12 项。市级管理权限和部分省级管理权限下放高新区，运行机制更加灵活，公共服务水平不断提升。齐齐哈尔市位于黑龙江省哈大齐工业走廊的北端，是我国重要的装备制造业基地。建设齐齐哈尔高新区，有利于加快高新技术改造提升传统产业，培育区域经济增长新动力；有利于与哈尔滨高新区、大庆高新区形成联动，推动哈大齐国家高新技术产业带建设；有利于培育战略性新兴产业，促进东北地区等老工业基地振兴；有利于发挥地缘优势，扩大对俄合作。

二十四、泉州高新区

2010 年 6 月 20 日，到泉州高新区调研。泉州高新区是 1992 年经福建省人民政府批准设立的，2006 年通过开发区审核公告，核准面积 8.0712 平方千米。经过十几年的努力，产业特色鲜明，形成了以微波通信、光伏电子、机械汽配为代表的高新技术产业集群，2009 年高新区实现工业总产值 141 亿元。企业技术创新能力不断增强，拥有高新技术企业 23 家，企业研发投入总额达 16.89 亿元。创新创业服务体系完善，技术、人才、资金等创新要素集聚，有省级以上研发机构 9 家。发展环境进一步优化，出台了金融、人才、知识产权等方面的政策措施，建立了较为完善的科技创新和服务体系。泉州市是海峡西岸经济区的现代化工贸港口城市，具有较好的对台合作基础和优势。建设泉州高新区，有利于推动海峡两岸新一轮经贸合作；有利于与福州、厦门两个国家高新区形成联动，加快海峡西岸高新技术产业带建设；有利于吸引民间资本投入高新技术产业发展。

二十五、新余高新区

2010 年 4 月 16 日下午，到江西省新余高新区调研。新余高新区 2001 年经江西省人民政府批准设立，原名为新余经济开发区，2006 年通过开发区审核公告，核准面积 13.333 平方千米。2009 年 9 月，经江西省人民政府批准更名为新余高新技术产业园区。新余高新区不断激发和释放各类创新要素的活力，高新区六大主要经济指标连续 5 年位居全省省级开发区第一，形成了新能源、新材料等高新技术产业集群，2009 年两大主导产业实现工业增加值 84.1 亿元，占高新区总量的 77%。创新体系不断完善，建立了多渠道的科研投入途径，研究与试验发展费用支出占企业销售收入的比重达 2.1%，拥有 4 家国家级研发机构、8 家创业服务机构、5 家产学研合作平台和 10 多家公共服务平台，构建了多层次的人才引进和培养体系。发展环境进一步优化，运行机制更加灵活高效。新余市是江西省新能源产业和钢铁产业的重要基地，也是国家鄱阳湖生态经济区的 5 个中心城市之一。建设新余高新区，有利于落实国务院关于鄱阳湖生态经济区的战略部署，加快发展方式转变，促进江西省经济社会又好又快发展；有利于培育新能源等战略性新兴产业，提升竞争力，抢占新一轮国际竞争制高点。

二十六、景德镇高新区

景德镇高新区 1994 年经江西省人民政府批准设立，2006 年通过开发区审核公告，核准面积 15 平方千米。景德镇高新区的陶瓷、直升机两大特色产业快速发展，清洁汽车等战略性新兴产业形成了较好的发展基础。拥有优良的投资发展软环境，建立了较为完善的科技创新和服务体系，集聚了景德镇陶瓷学院、中国轻工业陶瓷研究所、中国直升机设计研究所等各类高校院所 117 家，区内大中型企业 80% 建立了研究所或研发机构。景德镇市地处昌九景经济区，是鄱阳湖生态经济区的重要城市之一。建设景德镇高新区，有利于发展高新技术，加快传统产业转型升级，探索资源枯竭型城市创新驱动发展的新途径；有利于落实鄱阳湖生态经济区的规划部署，提升景德镇市经济发展质量；有利于承接长三角地区高新技术产业转移，辐射带动赣、浙、皖三省交界区域协同发展。

二十七、银川高新区

2011 年 4 月 9 日，到银川高新区调研。银川高新区始建于

2003年4月，地处银川市灵武南郊，2006年3月，经宁夏回族自治区人民政府批准成为省级工业园区，2006年4月通过开发区审核公告，核准面积1.067平方千米。2009年6月，经宁夏回族自治区人民政府批准更名为银川高新技术产业园区。自主创新能力明显增强，研制开发的精品绒条系列产品填补了国内空白，骨干企业快速成长，33家科技型企业不断提升创新能力和竞争力，区内25家企业设立了研发中心，8家企业建立了工程技术中心，研发成功率和研究成果投产率均高于80%。建设了产业公共技术、产学研合作、专家数据库等三大服务平台，提升了绒业生产力促进中心等科技中介机构的服务能力，出台了信用担保等一系列政策措施。建设银川高新区，有利于促进民族地区特色经济快速发展；有利于依靠科技创新，提升羊绒产业的综合竞争力；有利于在经济欠发达地区聚集创新要素和提升创新能力，促进区域产业结构调整和经济增长方式转变。

二十八、青海高新区

2010年7月29日，到青海高新区调研。青海高新区建于2002年4月，地处西宁市，2006年通过开发区审核公告，核准面积4.03平方千米。2009年9月，经青海省人民政府批准更名为青海高新技术产业园区。围绕青藏高原特色动植物优势资源的综合开发利用，加强基础设施配套建设，坚持培育和发展高新技术产业，主导产业快速发展，生物、中藏药、高原绿色食品等高新技术产业集群初步形成，连续3年主要经济指标增速均超过了30%。企业自主创新能力不断增强，区内拥有高新技术企业11家，占全省高新技术企业数量的21.8%，在高原作物种质资源、藏药质量标准制定等方面处于国内领先水平。公共服务平台日趋完善，区内拥有省级以上重点实验室18家、工程技术研究中心11家、科技中介服务机构5家。政策环境进一步优化，出台了财政、风险投资、企业融资、税收等方面的支持措施。西宁市是我国西部干旱、寒冷高原地区的中心城市，科技资源相对丰富。建设青海高新区，有利于加快干旱、寒冷高原地区的特有生物产业发展，培育区域经济增长新动力；有利于加快经济发展方式转变，推动青海省经济社会又好又快发展。

二十九、江阴高新区

2011年1月22日，陪同赵玉海司长到江阴高新区调研。同年3月5日，再次前往调研。江阴高新区1993年经江苏省人民政府批准设立，2005年通过开发区审核公告，公告名称为江阴经济开发区，核准面积6.6平方千米。2010年8月，经江苏省人民政府批准更名为江阴高新技术产业园区。2010年，实现工业增加值128.2亿元。形成了新材料、生物医药和电子信息等特色产业集群，高新技术产业总收入占高新区营业总收入的比重达到43%。省级以上高新技术企业14家，累计参与制定国家技术标准12项，承担国家科技重大专项项目3项。服务体系逐步完善，行政管理体制不断优化，出台了一系列政策措施，运行机制更加高效灵活。江阴高新区位于江苏省无锡市，发展势头良好，区位优势明显。推动江阴高新区加快建设发展，有利于落实国务院关于江苏省沿海地区发展的部署，促进江海联动战略的深入实施；有利于承接上海市高新技术成果转化和产业转移，培育区域经济增长的新动力；有利于完善江苏省沿江高新技术产业带的布局，促进省内国家高新区的集群式发展。

三十、临沂高新区

第一次去临沂高新区调研，是2007年11月24日。当时，科技部副部长曹健林带队开展科技部党组重大专题调研，在临沂市召开了济南高新区、青岛高新区、淄博高新区、潍坊高新区、威海高新区、济宁高新区、临沂高新区参加的座谈会，听取对科技促进经济社会又好又快发展的经验和意见。

临沂高新区1992年经山东省人民政府批准设立，2006年通过开发区审核公告，核准面积11.37平方千米。2010年，实现工业增加值256.1亿元，区内高新技术产业产值占规模以上工业总产值的47.7%。区域创新体系日趋完善，已培育高新技术企业78家，累计实施省级以上科技计划项目258项。发展环境明显优化，市委、市政府加大扶持力度，在创业孵化、科技金融、产学研合作、人才集聚等方面支持临沂高新区先行先试。临沂高新区地处山东省东南部，区位优势明显。推动建设临沂高新区，有利于落实淮海经济区的战略部署，加快鲁南地区和苏北地区的创新要素联动；有利于完善山东省高新技术产业布局，促进鲁南经济带的产业转型升级；有利于发挥科技支撑作用，促进革命老区探索创新驱动发展的新路线；有利于优化临沂市的产业结构，培育新的经济增长点。

三十一、益阳高新区

益阳高新区 2002 年经湖南省人民政府批准设立，2006 年通过开发区审核公告，核准面积 19.78 平方千米。益阳高新区形成了新材料、新能源、先进制造、电子信息等特色产业集群，2009 年，实现工业增加值 82 亿元，高新技术产业产值达到 118 亿元。企业自主创新能力进一步增强，连续 3 年企业累计承担省级以上科技计划项目 150 多项，拥有发明专利 230 件。创新创业环境不断完善，益阳高新区共有各类公共服务平台 162 家，建设孵化厂房 40 万平方米，出台了一系列政策措施，集聚了一批高端人才。益阳高新区地处湘西北，区位优势突出。推动益阳高新区建设，有利于加快环洞庭湖经济圈发展战略的实施，促进中部地区崛起；有利于完善湖南省高新技术产业布局，推进湘西北地区与长株潭地区的创新要素联动；有利于承接东部地区高新技术和产业转移。

三十二、自贡高新区

2011年3月19日，到自贡高新区调研。自贡高新区1992年经四川省人民政府批准设立，2006年通过开发区审核公告，核准面积8.245平方千米。坚持以增强自主创新能力为核心，不断深化改革，创新体制机制。形成了机械装备制造、新材料等特色产业集群，2010年，实现地区生产总值200亿元，区内高新技术产业产值占全市的78%。技术创新体系逐步完善，已培育高新技术企业28家，区内企业R&D投入占到企业销售收入的4.5%，省级以上重点实验室、工程技术研究中心、企业技术中心达到21家。市委、市政府出台了专门的政策文件，加大扶持力度，率先在川南地区设立了创业投资引导资金。自贡高新区地处四川省南部，区位优势明显。推动建设自贡高新区，有利于落实成渝经济区的战略部署，加快川南地区经济又好又快发展；有利于发挥成都、重庆两个国家高新区的辐射带动作用，促进产业转移和创新要素科学配置；有利于完善四川省高新技术产业布局，探索西部内陆地区创新驱动发展的新途径；有利于推进资源型城市转型升级。

三十三、其他日志

苏州高新区、苏州工业园区，2007年6月9日。

连云港高新区、盐城高新区、南通高新区，2008年8月3—5日。

合肥高新区、芜湖高新区、铜陵高新区、池州高新区，2009年7月16—19日。

杨凌示范区，2011年2月15日。

莆田高新区、三明高新区、南靖高新区，2011年3月11—13日。

新乡高新区、平顶山高新区，2011年3月25日。

温州高新区，2011年5月5日。

深圳高新区，2011年5月27日。

徐州高新区、连云港高新区，2011年8月6日。

嘉兴秀洲高新区、马鞍山慈湖高新区，2011年8月12—13日。

长春净月高新区，2011年9月20日。

高新技术产业带

在高新区快速发展的同时，借鉴国外高新技术产业带的经验，20世纪90年代以来，江苏、陕西、湖南、四川等省整合区域科技资源、推进高新技术产业发展，形成了一批高新技术产业带。1991年5月，国家科委复函同意建立苏锡常火炬带，其定位是努力探索用高新技术产业开发带动传统产业技术改造和优化产业结构，推动现代科技与有计划的商品经济结合，形成地方区域经济的整体优势，为促进经济持续、稳定、协调发展和实现我国经济发展第二步战略目标做出贡献。1999年，科技部高新司组织开展了高新技术产业带发展的战略研究和实证研究，认为：建立高新技术产业带，有利于促进产业带内的资源整合，增强技术创新能力，提高技术扩散速度，实现高新技术产业快速发展；推动高新技术产业带建设，有利于发挥区域内的高新技术产业集聚优势，有效配置科技创新和产业发展资源，优化创新创业环境，合理调整产业结构布局，促进经济社会协调发展。此后，陆续同意陕西关中、黑龙江哈大齐、广西北部湾、湖南长株潭、广东珠江三角洲、江苏沿江、四川成德绵等产业带为国家高新技术产业带。

面对2008年的国际金融危机，各部门、各地方更加重视发展高新技术产业。在高新技术产业发展的空间布局上，更加重视围绕主要公路、铁路、航道、海岸线或核心城市群，进行总体设计和产业分工，仅2009年6月以来，国务院就已经批复和原则同意了江苏沿海、辽宁沿海、吉林长吉图等区域性规划。同时，国家高新技术产业带建设发展取得明显成效。一是各地方重视程度不断提高，部分产业带建设已上升为国家战略。福建省加快建设海峡西岸经济区，提出建设海峡西岸高新技术产业带，使之成为承接中国台湾地区高新技术产业与技术转移的载体。广西北部湾地区开发开放明确要求以国家高新技术产业带建设为抓手。二是有力促进创新资源的集聚和互动，加速区域创新体系建设。湖南省依托长株潭产业带，充分发挥高新区的辐射带动作用，特别是集成长沙、株洲两个国家高新区的资源优势，成功促成湘潭高新区升级为国家高新区。安徽省合芜蚌高新技术产业带发挥了合肥、芜湖、蚌埠三市的产业优势。三是体制机制不断创新。安徽省专门成立了省科技厅牵头、合芜蚌三市主要领导参加的推进机构，并安排专项经费。黑龙江省科技厅成立了产业带管理处，负责协调高新区、基地等相关资源，形成支持合力。

许多国家已在为后危机时代的经济发展做精心准备，探索和培育新的经济增长点。我国也处在经济企稳向好的关键时期，推进国家高新技术产业带建设，有利于促进创新资源集成和统筹城乡发展，有利于促进区域公共服务平台整合和高新技术产业集群式发展，有利于促进经济结构调整和经济发展方式转变。我们认为，应当紧扣国家战略，加强规划部署，着力推进国家高新技术产业带建设，构建优惠政策“先行先试”、创新资源“集中集聚”、区域产业“增值增效”的有效载体，打造“区域更广、平台更高、政策更优”的科技支撑经济发展的示范平台。

2009 年 9 月 5 日，在福州召开海峡西岸经济区国家高新技术产业带建设专家会。2008 年，福建省高新技术产业产值 4456 亿元，增加值 1065 亿元（占全省 GDP 的 10.8%），产品出口交货值 1804 亿元。高新技术产业增长对经济增长的贡献率为 12.0%。全省 86 家省级以上开发区实现工业产值 2452 亿元，2 家国家高新区（福州、厦门）和 4 家省级高新区（泉州、漳州、莆田、三明）实现高新技术产业产值 1341 亿元，占全省的 30.1%。全省重新认定的高新技术企业 469 家。R&D 经费占 GDP 的比重为 0.92%。

2009 年 11 月 5 日，在南宁召开广西北部湾经济区国家高新技术产业带发展规划专家会。产业带规划包括南宁、北海、钦州、防城港、玉林、崇左等 6 个市的 15 个区、22 个县，共 7.27 万平方千米，2008 年 GDP 为 2219 亿元，对广西 GDP 的贡献率为 35.8%。

高新技术产业化基地

20 世纪 90 年代，为深入贯彻落实发展高科技、实现产业化的战略部署，科技部启动了国家高新技术产业化基地的建设和认定工作。在党中央、国务院亲切关怀和各地方、各部门的大力扶持下，高新技术产业化基地快速健康发展，探索并走出了中国特色的高新技术产业化发展道路。截至 2011 年，国家高新技术产业化基地共有 201 家（表 3–1）。当时，名称上并未完全统一，如 863 计划软件产业化基地、集成电路设计产业化基地、数字媒体产业化基地。2011 年起，科技部对产业化基地开展了一次系统性、全方位的复核，之后分为两类基地，即国家高新技术产业化基地和国家现代服务业产业化基地。

表 3–1　1999—2011 年国家高新技术产业化基地年度新认定数量

指标	1999 年	2000 年	2001 年	2002 年	2003 年	2004 年	2005 年	2006 年	2007 年	2008 年	2009 年	2010 年	2011 年
新认定数量 / 家	1	7	16	10	11	13	5	1	5	6	84	20	22

从发展成效上看，高新技术产业化基地在成果转化、产业培育、资源配置、制度创新等方面进行了探索，取得了重要突破。

一是形成一批特色鲜明、产业集中度高的产业集群。随着基地建设的不断深入，基地规模快速增长、质量不断提升，一批行业特色鲜明、技术水平较高、优势突出、产值规模较大、产业链布局相对合理的产业集群在基地集聚，产业链得到不断完善，市场占有率和产业竞争力稳步提高。

二是大力推进创新资源向基地集聚，整体创新能力不断提高。基地建设充分发挥科技的支撑和引领作用，大力提升企业创新能力，积极推进产学研用结合，构建大中小企业的创新战略联盟，推动高新技术成果的研发、转化和产业化。一批发展潜力大、创新能力强的创新型高新技术企业在基地安家，得到迅速发展壮大。

三是公共服务体系不断完善，服务能力极大增强。基地建设突出服务功能，大力推进研发检测、创业投资、信息服务、知识产权、人力资源等公共服务平台，以及技术平台、产品展示平台、教育培训体系、现代物流配送体系的建设，为基地内的企业提供了完善的公共配套服务，推进了创新资源共享。

四是集聚人力资源，形成人才高地。基地积极营造有利于人才创新创业的发展环境，吸引和培育出一批高层次创新创业人才和产业领军人才。通过高等教育、职业教育、专业培训等途径，加强了高层次人才、创新团队和后备人才的培养。

经过实践探索，高新技术产业化基地的建设和发展在推动高新技术、培育战略性新兴产业方面形成了一些好的做法和经验：一是把握好产业发展规律。特色产业基地是发展战略性新兴产业的重要载体和场所，在探索和实践战略性新兴产业的发展方面走在了前列。战略性新兴产业发展要经过基础研究突破、应用技术研发、创新产品开发、初期市场培育、形成产业链分工、建设产业基地、拓展应用市场等阶段。在培育过程中，基地建设看得远、动手早，政府在前瞻部署、推动应用、培育市场、构建基地、提供公共服务等方面发挥了重要作用，取得了很好成效。二是各级政府高度重视。各地方加强领导，坚持把高新技术产业化基地建设放在突出位置，优先把政策的“先行先试”任务交给高新技术产业化基地，推动特色产业基地成为自主创新的前沿阵地、科技与经济结合的重要实验田。三是创新体制机制。基地建设坚持解放思想、改革创新，遵循高新技术产业发展的规律，不断改进和完善体制机制，积极探索科技与经济有机结合的路径和方式，构建可持续的发展机制，降低创新成本。四是人才资源综合配置。加速形成政府、企业、高校院所、科技中介、金融机构联合推动自主创新的局面，构建鲜明的人文环境，大力培育创新文化，大力吸引与基地特色主导产业相关的人才和创新团队进入基地，不断提升基地人才规模和质量。

高新技术产业化基地建设的实践和成就，为探索中国特色高新技术产业化道路、发展战略性新兴产业做出了重要贡献，为承担新的历史使命打下了坚实基础。这将增强我们推动高新技术产业发展的决心，增强依靠自主创新促进经济又好又快发展的信心。这些经验弥足珍贵，要继承发扬。

面向后金融危机时期，加快高新技术产业化基地发展，更加突出提升自主创新能力，更加突出培育和发展战略性新兴产业，更加突出服务于发展方式转变和经济结构调整，更加突出发挥科技的引领作用，努力把高新技术产业化基地建设成为增强自主创新能力、推动高新技术成果产业化的示范区域，成为发展战略性新兴产业、培育经济发展持续动力的重要载体，成为支持企业参与国际竞争、抢占世界高新技术产业制高点的支撑平台。

一是科学规划，精心构建，形成特色。高新技术产业化基地要进一步增强加快经济发展方式转变的自觉性和主动性，深化认识，统一思想，兼顾当前和长远，处理好速度和效益、局部和整体的关系，不要一哄而上。各地要根据资源禀赋、产业特色、创新能力、人力资源，积极发展具有广阔市场前景、资源消耗低、带动系数大、就业机会多、综合效益好的战略性新兴产业，在有基础、有条件的领域率先取得突破，重在形成特色。要围绕重点产业发展，大力吸收相关企业、技术和人才进入基地，集聚关联企业，努力形成产业集群。

二是突出创新引领，拓展新兴市场。认真把握好产业发展规律，是推进战略性新兴产业发展的关键。在核心关键技术上必须要有超前部署、长期积累，同时还要重视配套技术的集成应用。政府要准确定位，把握规律，先行一步，把政策的着力点聚焦到支持前端的产品研发和后端的推广应用上来，为创新产品打开市场做好服务工作。要重视创新链条上各个环节的建设问题，要相互配合，既不能早，也不能晚，尤其是前端发展的时候要注意打通后端。要通过创新体制机制和政策配套，开拓市场空间，推动产业迅猛发展。

三是创新体制机制，着力构建持续创新能力。要深入实施国家技术创新工程，培育一批创新型企业，加快构建以企业为主体、市场为导向、产学研相结合的技术创新体系。要进一步完善各类创新资源整合的机制，大力推进各类公共服务平台建设，实现资源的开放共享。要加强创新要素的转移和扩散，促进产业链的空间延展，带动周边区域提升发展水平。要在技术、人才、机制、政策等创新要素的扩散和辐射方面发挥重要作用，努力使产业化基地成为推动自主创新、实现科学发展的排头兵和辐射源。

四是着力构建创新的环境与氛围，集聚和培养一批高水平人才。要从建设创新型国家的目标出发，充分认识人才培养和科技体制改革的重要性和紧迫性，坚持“服务发展、人才优先、以用为本、创新机制、高端引领、整体开发”的指导方针，不断优化人才引进和培育环境。要大力宣传和表彰为科技进步、高新技术产业发展做出突出贡献的高端人才，营造尊重人才、尊重创造的良好氛围。要进一步健全知识产权保护制度，积极营造良好的知识产权法治环境、市场环境、文化环境，以保护促进转化应用，推动创新和创造。

第四章　2004年的偶遇

2002年9月至2004年7月，我在国家行政学院第7期青年干部培训班学习，最后一个学期的主要任务是撰写结业论文。当时已经确定了要到科技部高新司工作，所以选择了高新技术产业作为论文方向，先以中国台湾新竹园区为例写了一篇文章，后又结合高新技术与产业化的关系写了最终的论文。直到2005年11月因为轮岗到调研协调处我才开始接触高新区的工作，但这两篇文章或可算作提前的热身吧。

中国台湾新竹园区

1980 年 12 月，中国台湾地区在台北市西南的新竹县设立了第一个高新技术产业区——新竹科学工业园区。经过 20 多年的努力，新竹科学工业园区已蜚声岛外，跻身世界著名高新技术园区行列。新竹科学工业园区的开发建设获得了巨大成功，原因在于新竹科学工业园区的设计者看到了中国台湾地区发展科学园区与其他地区的不同之处，因此在设计新竹科学工业园区的基本框架时，从自身实际出发，制定一系列切实可行的制度与政策，从而创造了发展高新技术产业的新模式。

一、中国台湾地区高新技术产业财税政策的主要特点

（一）在财税和科技服务方面对高新技术企业提供支持以鼓励高新技术产业的发展

中国台湾地区对高科技企业的部分收入给予免税。例如，在 1981—1991 年实行的《奖励投资条例》中就规定了从事或投资高科技产业可享有的各项税收优惠。另外，由相关事务主管部门提供各种优惠贷款；而财政事务主管部门则根据创业投资事业推动

方案，对高新技术创业公司提供风险资本支持。建立全岛性的科技研发信息系统和科技人才库信息系统，引进全球最新科技产业情报，经专家集中分析处理后，提交有关部门和企业作为决策参考。各级科研机构及大专院校面向广大企业提供技术辅导咨询、委托或合作研究开发、委托分析检验、合作讲习培训等科技服务。

（二）对高新技术产业的研究给予组织和经费上的支持

一是成立中山科学研究院和工业技术研究院（以下简称“工研院”）两大对中国台湾地区高新技术产业发展具有重大贡献的科研机构，特别是工研院，对中国台湾地区日后成为世界第三大资讯硬件工业产品生产地和第四大集成电路产品生产地起了重要作用，被誉为“台湾的贝尔实验室”。二是投入大量研发经费。例如，1981 年研发经费总额为新台币 64 亿元，1989 年研发经费总额为新台币 547 亿元，1995 年研发经费总额为新台币 1250 亿元，1999 年研发经费总额为新台币 1905 亿元。

二、风险投资在产业发展中的作用

对于风险投资对高新技术产业发展的推动作用，中国台湾地区的风险投资发展不能说是最好的，规模也不是很大，比起美国等发展较早的国家和地区还有不少的差距，但它对中国台湾地区高新技术产业的发展贡献却是显著的。中国台湾地区风险投资于高新技术产业的比重高，占到总投资企业数的 87% 左右、总投资资金的 88%。风险投资对高新技术产业发展的推动作用，可概括为以下几点。

（一）直接表现在对新竹科学工业园区的高新技术产业的发展促进上

1. 表现在园区产业结构与风险资金投资结构的一致性上

园区已确立高新技术产业为主的产业结构，形成了集成电路（49.45%）、电脑及周边（40.62%）、通信（5.68%）、光电（3.35%）、精密机械（0.83%）、生物技术（0.07%）六大产业，其中前三者合计 95.75%。这种结构基本是由风险投资结构决定的。

2. 表现在园区的发展速度上

风险投资与高新技术产业两者互为因果关系又相互促进。投资多，发展就快，企业就能不失时机地占领市场，而风险投资公司也将获得丰厚的回报。1996 年，中国台湾《商业周刊》所做的 500 大服务业调查中，汉通创业投资公司以税前净利率 72.59% 名列“获利率”榜首，国际创业投资公司等 4 家风险投资公司也名列前十。这样高的利润率，对风险投资公司是一个极大的激励，也增强了它们对园区投资的信心。新竹科学工业园区自设立后大约经过 13 年营业额才突破了第一个新台币 1000 亿元，但是突破第二个新台币 1000 亿元只用了 2 年时间，突破第三个新台币 1000 亿元仅用了 1 年时间，这种指数式的增长反映了高新技术产业与风险资金成正相关的互动关系，说明资本投入增加得越快，企业规模扩大得越迅速，越有利于企业占领市场，抓住大好商机。

3. 表现在风险投资对高新技术产业的启动作用上

进入园区创办高新技术企业的，除了看重园区投资环境的外国投资者外，主要的还是留学回台人员、工研院的研发人员和本土学子，他们除去依靠自己的积蓄、亲友的资助外，多数还需要风险投资公司的投资与贷款。如果有好项目，风险投资公司也会主动找上门来。

4. 表现在对高新技术企业的催化作用上

小型高新技术企业的创办者一般为科技人员，多数缺乏经营经验和管理能力，高新技术企业在成长过程中会遇到很多困难和风险，处理不当就可能夭折。风险投资公司参与被投资企业的经营活动，为其提供信息、咨询、资金，进行财务监督，协助经营，帮助企业渡过难关，促其成长，使其减少失误、避免失败，这对企业成长起到催化作用。风险投资公司是企业的孵化器。

5. 表现在促使高新技术企业壮大的作用上

高新技术企业进入扩充期和成熟期时需要大量资金注入，若能不失时机地扩大生产，就能占领市场，使股票及早上市，实现规模经济。而中国台湾地区的风险资金也将投入重点放在了此阶段，它还能协助企业股票上市、上柜筹资。正是因为这样，新竹科学工业园区高新技术产业发展很快，许多产品的产量处于世界前列。风险资金为企业家创造了一个舞台，在实践中进行培训、辅导，最能有效地培养企业家。高质量的企业家可以为高新技术产业的发展提供最宝贵的资源和能力。总之，风险投资是高新技术产业发展的助推器，对加速高新技术产业的成长、发展和壮大起着不可替代的作用。

（二）风险投资的作用不限于园区

除有直接推动作用外，风险投资的作用更重要地还表现在通过园区间接促进了整个地区高新技术产业的发展、产业结构的调整和技术水平的提高。新竹科学工业园区的建立是中国台湾地区发展高科技产业的先导，通过它带动了全岛的高新技术产业的发展。在不到20年时间里，中国台湾地区高科技产品生产总值从1986年的新台币9608亿元增长到1996年的新台币26 000亿元，增长了1.7倍；高新技术占制造业的生产总值比例也从1986年的27.9%上升到1998年的43.7%；高新技术产品出口总值531亿美元，已占总体出口的45.8%。中国台湾地区科技实力已由1993年全球的第20位上升到目前的第7位。园区投资效益也高于中国台湾地区整个制造业的水平，为其2.3倍。园区税前净利润率和营业利润率分别为24.5%、23.5%，而全岛制造业的水平只有7.14%、8.20%。风险投资对高新技术产业的推动作用，对全岛起到了带动、示范作用。新竹科学工业园区的建立对中国台湾地区高科技产业的发展功不可没。它实际成为人才培训基地和高新技术发散的源头，带动了整个经济增长和产业水平提升。高新技术企业在园区培育壮大，常在园区外扩大生产规模，起到对产业结构的调整作用。新竹科学工业园区的成功经验在中国台湾地区正得到推广，新的高新技术园区正在组建之中，它们在带动中国台湾地区产业升级、促进未来经济增长方面，将起着越来越重要的作用。风险投资对高新技术产业的发展起着重要的推动、培育作用，具有基础性的支撑功能。

三、工研院的运作模式

工研院是台湾当局创办的具有独立法人资格的科研机构，为整个中国台湾地区的高新技术产业发展做出了巨大的贡献。工研院以其弹性的组织结构、市场化的服务体系，呈现出技术研发机构全新的运作模式。概括而言，工研院运作模式主要有以下几个特点。

（一）台湾当局资助，独立运作

工研院的前身因成绩不彰，被改组为具有法人资格的科研机构，但工研院仍以科技专案拨款形式得到资助。独立运作的工研院充分利用岛外岛内、台湾当局和民间的科研资源，逐渐形成独具风格的运作模式。积极参与全球技术合作，运用灵活的机制吸引海外留学人员；以创新技术研究为纽带，打通学校与工业界的联系渠道；以政策为导向，推动台湾当局资源与民间活力的结合；通过对民间技术需求的调查，研究开发以民间需求为导向的关键技术。工研院的整合努力，在中国台湾地区的产业科技化方面取得了明显成效。

（二）建立具有生产能力的试验基地，提高科研成果产业化效率

无论是引进消化的先进技术，还是自主开发的新技术，在研究阶段充其量是“实验室技术”，而企业需要的是市场可接受的品质及成本的产业技术。因此，建立具有生产能力的试验基地，完善引进、开发、试验、转移、服务体系，探索更加有效的技术产业化模式，成为工研院运作模式的一大特点。多年来，工研院实施多项“实验工厂”计划，先后研发、转移、衍生许多具有开拓意义的生产技术及企业，成为中国台湾地区新兴高科技产业重要推动者。众所周知，科技成果转化渠道不畅是世界性难题，对中小企业占绝大多数的中国台湾地区来说更是如此。工研院创建具有生产能力试验基地的做法，不仅将技术服务于经济的理念落到了实处，而且也为自己的创新成果找到了出路。

（三）适时调整定位，提升研发层次

中国台湾地区科技产业起步于技术含量较低的电脑及周边产品，初期主要靠西方和日本跨国公司的直接投资。为提高岛内自主研发能力，扩大下游产品产能，工研院自成立之日起，积极实施追踪战略，通过对引进技术的消化和对关键零部件的研发，推动中国台湾地区科技产业向上游整合，从而形成较完整的高科技工业体系。随着中国台湾地区企业研发能力的提高和自身实力的

增强，20 世纪 90 年代初期，工研院开展了一场“翻新”改革，将其功能、目标重新定位。定位说明中指出，工研院以应用研究为重点，从事工业技术的研发，为中国台湾地区未来 5 ~ 10 年的技术需求做先导性的研究，并通过提高院内创新前瞻研发经费、重奖创新前瞻研发人才、成立创新前瞻研发单位等措施，加强创新前瞻技术研发，提升自身研发层次。

（四）推动策略联盟，提升研发实力

进入 20 世纪 90 年代以来，世界高科技产品市场竞争日趋激烈，发达国家对高新技术的保护亦日益严密，中国台湾地区产业升级和转型面临严峻的挑战。在这种情况下，业已形成规模、有相当研究与开发能力的工研院大力推动岛内外策略联盟，形成产学研合作研发、共同发展的新局面。作为产业科技研发服务的龙头，工研院先后与新竹科学工业园区等单位结成联盟伙伴，共同为中国台湾地区高科技产业提供智力与服务支援。工研院各研究单位也积极行动，建立或主导各产业技术联盟，疏通研发合作、技术转移及产业服务渠道，增强中国台湾地区企业全球竞争力。与此同时，工研院也大力开拓与地区外著名科研机构、科技大厂及相关单位的策略联盟，以专利交互授权、共建研发与技术转移平台、进行产业资讯交流等方式，提升中国台湾地区整体研发实力。

（五）坚守以人为本，创新激励机制

1988 年 12 月，林垂宙出任工研院第 4 任院长，提出了“X+Y=65”的退休政策，对工研院留住和吸引优秀人才产生了深远的影响。当时，中国台湾地区产业快速成长，民间企业求才心切，拼命地从工研院挖人才。苦于人才流动过于频繁，林垂宙推出了“X+Y=65”的留人战略。所谓“X+Y=65”是指在工研院连续工作 10 年以上，服务年资（即我们通常所说的工龄）与年龄相加大于 65 者，即可申请退休，领足退休金。之所以做出这样的决定，是因为当时工研院年资在 5 年以下者占全院的 64%。这些人多是刚从学校毕业或服完兵役，顶多 25 岁，他们要到 60 岁退休还得工作 35 年，就会很自然地想到离职，去企业赚钱。但是如果使用“X+Y=65”公式的话，25 岁进入工研院的人，45 岁就工作满 20 年，加上年龄正好等于 65，届时即可退休，而且 45 岁的工程师正逢盛年，进入产业界还很有市场价值。这样既可以保持研发队伍的稳定性，又激发了整个队伍的工作热情。

四、产业生态的启示

从产业生态的基本要素出发，分析新竹科学工业园区内要素成长的动力机制，观察各个要素之间的互动关系，以预测园区的高科技产业生态未来可能的变化，从中得出一些对我们发展高新技术园区很有益的启示。

（一）企业要素

企业是产业生态的一个基本要素，它是产业组织的细胞。企业成长是生态变化的源头，企业的不断诞生、成长是产业得以成长、壮大的基础。在产业逐步扩大的过程中，并不是所有的企业都能够跟着成长，而是有明显的消长。近年来，企业间的竞争日趋激烈，企业衰亡的速度也越来越快。创造一个促进企业诞生、成长的环境和形成企业并购、优胜劣汰的机制是推动产业持续发展的最基本条件。

新竹科学工业园区设立后，每年都有许多新企业进入园区（也有少量企业衰亡或因发展不佳而退出），不断有园区的企业增加投资，企业的数量、登记资本额、实收资本额及营业额在一直不断地成长，企业的成长使园区的产业不断地成长、壮大，逐步形成了集成电路、电脑与辅助设备等六大产业。

（二）人本要素

人是产业生态的另一基本要素，也是激发企业乃至整个产业成长的巨大动力。人才的流动可以带动资金、技术的流动，同时也伴随着知识和信息的扩散。以产业生态的观点看，人才是推动高科技产业生态变化的一个最重要变数，而这些变数中最具影响力的，则是高科技企业里的领导人。

发展高科技产业需要大量的科技人才，人才是最重要的战略资源。中国台湾地区设置新竹科学工业园区的目的就在于集中岛内工业界的精华，引进高科技工业及科学技术人才，以鼓励岛内工业技术的研究创新，促进中国台湾地区高新技术工业的发展，培养更多的岛内科技人才，从更高的层次上发展地区经济。因此，中国台湾地区投入大量资金用于园区的基础设施建设，创造宽松而优厚的投资环境，采取各种措施吸引海外人才回台。

一方面，大力延揽在海外的人才，吸引他们回台服务。相关的重要部门，包括工研院、新竹科学工业园区等，在20世纪80年代都在美国硅谷设立了办公室，为中国台湾地区本土厂商提供接待服务，积极招聘台籍工程师回台工作或创业。到2000年年底，在园区102 840名从业人员中，有4108名是从海外回台的人才，不少是曾在硅谷的高科技公司长期任职的工程师。他们是园区重要的高级管理人员，基本上是高科技企业创办人或主要研发部门的主管，其中由这些海外回台人才参与设立的园区公司达113家，占园区289家公司的39%。这些回台人才对世界的发展形势一目了然，具有发展高科技的先进技术和市场、经营经验，他们的回归为园区带来了新观念和高科技，提高了园区的整体科技水平，使园区的经济发展能够和世界接轨。在园区20年的发展过程中，这些回台人才扮演了极为重要的角色。

另一方面，中国台湾地区过去几十年来对教育非常重视，在本土培养了大量的科技人才，为新竹科学工业园区的发展提供了丰富且高素质的科技人力资源。到1999年年底，园区大专以上学历的人员占比达63%。由工研院技术团队衍生的园区厂商共 36 家，由台湾清华大学、新竹交通大学这两所以理工为主的高校衍生的厂商共 16 家，两者合计为 52 家，约占园区厂商总数的 18%。海外回台人才与本土培养的优秀人才之间的有效结合，造就了中国台湾地区高科技产业的蓬勃发展。这一切都充分体现了人作为产业生态的基本要素对产业成长的巨大推动作用。在这个方面，中国大陆其实应该借鉴中国台湾地区在人才培养上的经验，可以在人才培养和交流上进行很好的合作。

（三）技术要素

技术变化是高科技产业生态发生变化的最大动力。一项新技术（尤其是竞争性的技术）的应用，往往会打破旧的商业运行规则，为新企业的发展提供无限的机遇。在高科技产业，技术的更新速度非常快，企业的新陈代谢速度也非常快，技术与企业之间有着非常明显的互动关系。

企业的技术来源通常有企业内部的研发、联合或共同研发、购买技术或并购具有技术创新能力的企业等。不同的企业，在不同的时间与条件下会选择不同的技术获得方式，但企业内部的研发是企业最重要的技术来源。有些技术无法靠金钱买来，必须形成自身的研发能力，即使是买来的技术，最后还是要能内化为企业本身的能力，才能成为企业永续经营的基石。而作为引导产业发展的先进企业，领先的技术只能靠自己去研发。

技术的创新是新竹科学工业园区成功的重要因素。园区管理部门和园区内的企业历年来皆十分重视技术的研发。园区每年提供大量资金对研发进行奖励和补助，极大地促进了园区高科技产业的技术竞争力提升。历年来园区研发费用占营业额的比例为 5% ~ 7%，1999 年园区厂商用于研究发展的费用总共达新台币 386 亿元，占营业额的 5.94%，这是一个相当高的比例。此外，中国台湾地区一流的高科技企业都在硅谷设有积极活动的研究试验室或设计公司。

授权专利的数量是一项可以衡量技术创新水平的重要指标。1999 年，园区厂商获核准的专利中，本地区专利为 1260 件，地区外专利为 1276 件，其中联华电子获得的本地区专利和地区外专利分别达到 280 件和 434 件，均为园区的第 1 名。这也反映了园区内企业的研发水平和技术实力。

先进的技术使园区在参与全球竞争时占据有利的地位。例如，中国台湾地区集成电路的制程技术非常先进，因此其在 2000 年的全球专业晶圆代工市场中占据了 80% 左右的份额（包括台积电约 49% 的份额及联华电子约 30% 的份额）。先进的技术成为推动新竹科学工业园区高科技产业蓬勃发展的巨大动力。当然，受中国台湾地区基础研究能力较弱的限制，在集成电路等基础研发上的投资也明显不足，无法在核心的关键技术上取得突破，如果在这个方面不能明显改善，将难以避免只做代工的命运。海峡两岸其实可以进行很好的合作，互补互利，共创双赢的局面。威盛电子的成功给我们树立了很好的榜样。

（四）资本要素

企业的成长固然要受到人与技术的推动，但和企业有效运用资金却有着更密切的关系。能否快速积累资金对于成长中的企业几乎是成败的关键。同样，对于一个产业而言，一直要到真正掌握研发（产品、制程）的能力，产业的根才会深植，但最后能否掌握企划能力并有足够的资金投资，却是产业能否枝繁叶茂的关键。因此，资金也是产业生态发生变化的非常重要的动力。发达的资本市场对产业的成长非常重要，其中风险投资对高科技产业成长所起的作用越来越重要。

中国台湾地区的风险投资事业在20世纪80年代初就已起步，但是直到1988年当地的资本市场兴起以后，风险投资事业才有了蓬勃的发展。1999年，中国台湾地区的创业投资企业达153家，资本金额达新台币1034亿元，投资金额超过新台币947亿元，其中很大一部分是投在新竹科学工业园区。风险投资事业对新竹科学工业园区高科技产业的发展功不可没，现在已经成为发展高科技产业必不可少的手段。

（五）四大要素之间的互动

高科技企业形成以后，必须要能够不断地成长，而企业的成长则要有人、资本的不断投入，不断研发或引进新技术，保持技术的进步和领先。企业的领导人必须时时掌握人才的布局、技术的走向、资本的获取，人的流动可以带动资金、技术的流动，同时伴随着知识和信息的扩散。资本的投入，不仅是推动企业发展的动力，使高科技企业在营运上有较有力的支援，而且对于企业吸引、招聘人才也有极大的帮助。产业生态的四大要素之间互相联系、互相影响，存在着一个互动的关系。

在新竹科学工业园区内，企业、人、技术与资本这四大要素之间的互动明显：高科技企业不断创立、成长、壮大，吸引海外人才和本土优秀人才不断加入园区，企业不断获得资金投入，采用新技术，开发新产品，在全球市场上竞争，逐渐形成具有特色的产业集群和比较完整的产业链上、下游体系，产业生态的内涵大大丰富。最典型的就是园区的集成电路产业，它是园区最大的产业，也是发展得最好的产业。1985 年以后，由于四大要素的相互影响，企业密集的现象更趋明显，园区拥有众多的集成电路设计、制造、封装/测试及光罩企业，形成了比较完整的产业链上、下游体系，具备了良好的集成电路产业生态，有着很好的发展前景。

高新技术产业化

当前，科学技术进步日新月异，综合国力竞争日趋激烈，我们肩负着以科学发展观全面建设小康社会的时代重任。实践表明，高新技术产业的健康发展，特别是高新技术企业的快速成长，离不开科学的发展观念做指导，加强对高新技术产业发展的宏观调控和政策支持是促进我国科技与经济协调发展的有效形式和重要举措。

一、高新技术产业蓬勃发展出现了新的形势

改革开放以来，我国高新技术产业蒸蒸日上，特别是国家创新体系相关战略的提出和深入实施，使我国高新技术产业有了长足发展，涌现出一大批重要成果，对国民经济和社会发展的贡献越来越大，国家竞争力不断增强。同时，高新技术产业从小到大、由弱变强，取得了很大成就，在国民经济发展中的作用也越来越大，高新技术产业日渐成为国民经济的重要组成部分。面对我国改革开放事业发展的重要战略机遇期，高新技术产业发展正显示出其新的特点。

（一）国际高新技术产业出现新趋势

随着世界各国日益认识到高新技术产业在未来竞争中的重要作用，高新技术产业也呈现出新的发展趋势：为了追求更高的性能，高新技术正在向着超高温、超导等自然界的极限领域挺进；人们已不再满足于自然界现存的东西，而是要超越自然，按照自己的意愿进行设计和制造，包括制造材料、药物，甚至新的生物物种；不论是技术活动的对象还是技术活动本身，都日益显示出多变而复杂的集成化和综合化特征，高新技术的发展已经不再是某一单项技术的突破，人类的创造已经进入一个“集成”的时代；当前高新技术产业之所以能有如此突飞猛进的发展，是各大技术领域相互渗透、彼此融合的结果，通过不同技术的交叉融合，产生新技术、新产品的趋势将进一步明显；科学是人类认识客观世界的武器，技术是人类征服和改造客观世界的手段，两者的发展是辩证统一的，而随着科学与技术的日益接近及从基础研究到开发应用的周期逐步缩短，科学、技术一体化已经成为一种新的发展趋势。

（二）我国高新技术产业取得新成绩

高新技术产业规模迅速扩大，成为拉动国民经济增长的重要力量。我国高新技术产业产值年均增速为20%以上，超过同期工业总产值年均增速 10 多个百分点，成为我国经济发展中最具有成长性的产业。高新技术产业在国民经济构成中所占比例显著提高，有力地促进了经济结构调整。我国高新技术产业产值占工业总产值的比重提高到 1.32%。高新技术产业的不断壮大提高了我国产品的国际竞争力。高新技术产品已成为带动外贸发展的重要力量。在珠江三角洲、长江三角洲和环渤海地区，已经初步形成了各具特色的高新技术产业集群，形成了一大批科技水平高、国际竞争力强的优势企业，充分显示了高新区在培育高新技术企业中的有效作用。53 家国家高新区主要经济指标大幅增长，2003 年实现工业总产值 17 307 亿元，工业增加值 4272 亿元，均比上年增长 30% 以上，成为拉动外贸增长、优化对外贸易结构的重要力量。

（三）我国高新技术在部分领域接近或达到世界先进水平

在纳米基础科学研究、基因技术等领域与领先国家同处竞争前沿，在通信制造业、第三代移动通信、光网络、核心交换路由器、下一代网络等领域紧跟国际前沿。其中，在以纳米碳管为代表的准一维纳米材料及其阵列体系、非水热合成纳米材料、基因组测序、人类功能基因组研究、转基因技术、分子标记、动物体细胞克隆等领域我国已与发达国家处于同等水平。

二、我国高新技术产业发展面临的机遇和挑战

从整体上看，我国高新技术产业规模仍然比较小，高新技术产业附加值偏低，在国际产业分工链中处于较低层次。从技术水

平分析，我国制造与自动化技术、生物技术、集成电路生产技术等与国外先进水平有较大的差距，计算机处理芯片、系统软件、视频压缩及解压缩芯片等关键部件上大多使用国外产品。由于高新技术发展的内在规律和马太效应，我国同发达国家相比，技术差距有越拉越大的趋势。因此，我们必须进一步认清未来发展道路上的主要问题。

（一）高新技术产业占国民经济的比重偏低

21 世纪国家间的竞争归根结底是科技实力的竞争，因此高新技术产业必将成为推动国民经济发展的重要力量。以美国为例，其 5 年内的高新技术产业产值占国民经济总量的 40%，2 年内的高新技术产业产值则要占到 24%，而我国截至 2003 年年底，高新技术产业产值只占国民经济总量的 23.6%。

（二）自主研发能力不强，基础研究经费投入不足

中国基础研究的投入占比为 5%，且很多年不变，而国外基本占 15% ~ 20%。政府研究经费的投入重点是高等院校和研究所，对企业的研究经费投入严重不足，2001 年只有 12.0% 的研究经费投给企业，2002 年则只有 10.9% 的研究经费投给企业。

（三）高新技术产业集群的财税催化机制不完善

从发达国家的相关政策看，美国允许高新技术企业用符合条件的研究费用的 20% 抵免税款；法国允许企业最多可抵免的当年

税款总额为 4000 万法郎；日本对高新技术企业研发活动给予实际费用 50% 的补贴。而中国台湾地区的新竹科学工业园区则提供了更为优惠的财税政策：园区内的科技创业企业，营业期的前 9 年内，可任选连续的 5 年免税；企业增资新台币 2 亿元以上用于生产设备更新，且因更新生产设备产生产值的，可另加 4 年免税。

三、高新技术产业的主要发展方向

根据分析，以下 6 个产业将是未来一段时期对我国经济增长有突破性重大带动作用的高新技术产业。

（一）以纳米技术、基因技术为代表的尖端技术产业

根据科技部计划司组织的专题研究成果，我国在纳米基础科学研究、基因技术等领域已处于国际先进水平，在纳米技术和纳米材料的研究中取得了一批创新性的成果。其中，纳米复合材料、纳米氧化物的单个纳米粒子、反映不同材料界面的纳米涂层、新型纳米功能材料、基因组测序、人类功能基因组研究等方面的研发水平已达到领先国家的水平，也是下一步突破的重点。

（二）生物技术产业

未来 20 年我国生物技术产业发展面临重大战略机遇。第一，生物技术是我国与发达国家差距较小、有可能实现跨越发展的领域。第二，我国生物产业市场需求空间广阔。第三，全球医药制造业向中国转移，我国正在逐步成为跨国医药企业重要的生产和

原材料供应基地。第四，我国初具规模的产业基础、大批优秀人才、丰富的生物资源、悠久的中药历史，为我国生物技术产业发展创造了良好的基础条件。

（三）下一代互联网产业

网络是未来社会的基础平台，对社会经济、科技教育发展，乃至国防、政治都将起到决定性的影响。我国现在所使用的互联网是沿用国外的标准，存在很大的安全隐患。如果我国失去对下一代互联网的发言权，将在很大程度上受制于人。因此，研制与建设下一代互联网，对推动我国实施信息化带动工业化战略、加速我国现代化进程，以及维护国家安全具有重大意义。

（四）集成电路产业

集成电路是电子信息产业的核心和基础，具有很强的前后关联性，是关系到国民经济整体效益和国家信息安全的重要战略性产业。集成电路产业市场前景广阔、规模巨大，但国内芯片 80% 需要进口，自给率严重不足，所以进一步加强集成电路的发展十分必要。

（五）新能源产业

能源是现代经济的命脉，也是制约我国中长期经济社会发展的重大“瓶颈”。能源问题不仅关系到我国经济社会的持续协调发展，而且关系到我国国家安全和外交战略。特别是随着我国工业化进入重化工业阶段，以及家用汽车的普及，石油安全问题将会变得越来越突出。一旦国际形势变化、油价波动，势必会对我国经济社会发展造成巨大冲击。因此，我国必须大力发展新能源产业，近期要重点发展煤的液化、节能及清洁能源技术产业化，中长期要积极发展新能源汽车、核能、氢能和生物质能。

（六）高新技术节水及水处理设备制造业

水资源短缺已成为制约我国国民经济和社会中长期发展的重大“瓶颈”。目前，在全国 600 多个城市中，缺水城市超 300 个，每年因缺水造成的直接经济损失达 200 亿元，全国每年因缺水少产粮 800 亿公斤，直接影响到我国的粮食安全。大力发展高新技术节水及水处理设备制造业，是我国高新技术产业面临的紧迫任务。其中，今后一段时期内应重点发展农业节水灌溉、海水淡化、污水处理及循环利用高新技术产业化。

四、推动高新技术产业发展

（一）建立基地，培育高新技术产业集群

我国的高新技术企业大多是 20 世纪 80 年代末 90 年代初在高新区内建立起来的，而多数高新区并没有依据以产业分工为基础、产业间互动发展为核心的原则来建立，高新区内企业聚集的主要原因是各种优惠政策，因而区内企业未形成集群。虽然近十几年来情况有所改变，但真正意义上的产业集群机制尚未建立。

主要表现在：①相互关联、相互依存的专业化分工协作的产业体系没有形成。高新技术企业所需的关键配件国产化程度低，主要依靠进口。企业之间业务关联性不强，中小企业与大企业协作化程度低，很难从大企业获得稳定的订单，为大企业提供配套产品。②高校、科技界和企业界合作互动机制不健全。有些企业与高校、科技界几乎没有联系，仅靠自行研制，或引进国外技术，消化吸收能力又不强，缺乏发展后劲。同时，由于缺乏良好的合作机制，研发能力强的高校和科研机构未能成为高新区内企业创新的重要来源。③缺乏风险投资，企业研发成果市场化和产业化难以实现。具备企业家精神的创业者得不到资金支持，其创新成果也无法转化为现实的生产力，创新能力受到制约。

凭借高新区的地理优势，建立以企业集群为导向的相互依存的产业体系。对于新建区的产业布局，要坚持以分工协作、本地结网形成企业集群来安排项目；对于新进区的企业选址，要明确以企业集群为导向；对于高新区已有的产业发展，要重视相关产业之间网络体系的建立；要努力形成大中小企业紧密配合、专业分工、协作完善的网络体系。通过专业化分工来更好地发挥协同效应及信息共享优势。每个企业集群应围绕1～2个主导产业进行重点建设，配套开发，形成各具特色的高新技术企业集群，尽量避免产业结构的趋同。同时，充分发挥政府的推动和引导作用，促进高新技术企业集群的建立。政府在重点扶持高新技术企业时，应将优惠政策由原来的向区域倾斜转为向技术和产业倾斜；以企业集群为导向有目标地吸引具备产业示范效应和产业关联性的项目进入高新区，防止企业盲目进入导致过度竞争；加大对高校、科研机构，以及其他与企业集群发展有关的道路、通信、城市建设等基础设施的投资；完善风险投资机制，制定政策吸引风险投资企业进入区内。

（二）探索高新技术产业新的生产模式

随着市场经济的不断完善，市场竞争越来越激烈，迫使企业尽可能降低产品价格，缩短交货期。同时，消费者的消费能力、消费心理也在不断变化，逐渐追求产品的多样化和个性化。企业要在激烈的市场竞争中站稳脚跟，必须根据市场和企业自身条件采用合理的生产模式，并根据市场不断改变生产模式。许多成功企业就是依靠领先的生产模式获得了竞争优势。

从目前情况看，与传统的生产模式不同，大规模定制已经成为高新技术企业的主要生产模式。大规模定制在时间维优化上有效地推迟客户订单分离点。通过采用集成的方法，企业能够以最高的效率运转，能够以最小的库存满足客户的订单要求。大规模定制在空间维优化上有效地扩大相似零件、部件和产品的优化范围，并充分识别、整理和利用这些零件、部件和产品中存在的相似性。事实上，制造的全球化和专业化分工是促使大规模定制在全球范围逐步实施的动力。

大规模定制生产模式的优势在于：原料和部件的及时发送和

生产消除过程间断，降低库存成本；减少生产准备和转换次数，直接缩减运行规模和降低变化成本；缩短价值链中所有过程的循环周期，避免因增强灵活性和反应能力造成的浪费，降低成本；按订单而非预测生产，因为订单可以提供个性化定制信息，消除生产不足或生产过剩。

在当今信息化时代，大规模定制的关键因素是信息网络、数据、文献资料等科技资源的广泛社会共享。因此，我国政府应当进一步加强科技基础条件平台建设。以基础性、公益性的数据资源为主，依托具有共享和服务优势的数据机构，构建面向全社会的共享服务体系。

（三）建立高新技术企业新的商业模式

参与国际竞争是中国加入WTO后企业的必然选择。面向国际化市场，我国企业虽然在人员素质、资本规模、设备水准、产品质量等方面都处于弱势地位，但是最大的弱势还在于原有商业模式的缺陷。应对外来挑战，必须具备创新商业模式的战略思维，这个方面要做的事情很多，而首要的一条就是要真正做到胸怀世界、放眼全球，要从加入WTO后参与经济全球化进程的视角上思考问题。经济全球化是全球经济体制、经济运行方式、消费模式、交易行为等各个方面的趋同化，商业模式的选择就应该顺应这样一个大趋势。

互联网作为人类进入信息时代的一种标志性信息传播方式，

已被越来越广泛地运用，它直接导致了“速度经济”的产生。企业的市场反应如何跟上这种“速度”，已被成为商业模式创新的一个重要挑战。因此，企业必须构造相应的市场反应体系，形成顺畅的供应链网络，建立现代物流体系，打造自己颇具竞争力的供应链网络。

（四）完善高新技术产业的人才培养和激励机制

发展高新技术产业，关键在于强化技术创新能力，加快高新技术成果商品化、产业化的进程，激活现有科技资源，做好面向市场的研究开发工作，大力推广应用高新技术和适用技术，拥有一支能力强、思想敏锐、掌握知识快、精力充沛、勇于拼搏的高科技人才队伍。发现、培养和稳定一支宏大的、高素质的高新技术产业人才队伍成为一项具有战略意义的重要任务。

进一步加强人才（特别是顶尖人才）的吸纳和引进工作。积极参与全球化的人才争夺，高度重视对世界上一切适应我国高新技术产业发展需要的优秀人才的吸纳。应当认真研究发达国家吸纳科技人才的经验，抓紧制定吸纳出国留学人员回国创业和工作的政策措施。要更加重视对国内现有人才的培养工作，在培养方向上要适应高新技术产业发展的需要。重点加快对富有创造能力和创新精神人才的培养，进一步营造有利于人才培养的政策环境、工作环境和生活环境。完善人才培养的机制，探索建立合理有效的人才使用机制、激励机制。

（五）培育高新技术产业集群的财税催化机制

高新技术产业集群是高新技术产业发展的主要模式，我们需要对高新技术产业集群价值链的延伸和高新技术对传统产业的改造进行深入研究，提出财税机制的最佳着力点，探求高新技术产业集群的财税作用机制，设计一套符合中国国情的高新技术产业集群财税激励机制和效应创新机制。

调整高新技术产业集群财税支持政策的核心是加强政府在催化高新技术产业集群中的作用，把为社会资本进入高新技术产业集群创造条件作为财税政策的出发点。发挥好财税激励机制的引导功能、财税催化机制的倍增效应，同时使各级政府从高新技术领域直接投资者的角色中逐步淡出。

第五章　高新区评价的理论基础

2008年第四季度爆发国际金融危机之后，国家之间竞争的焦点已转向科技创新的竞争，发达经济体对高新技术领域的布局和发挥科技创新支撑经济持续健康发展的作用更加关注。同时，新一轮科技革命和产业变革相互交织，技术突破和商业模式创新推动经济发展方式发生深刻变化，全球经济和科技发展的基本路径与范式受到颠覆性冲击。经过改革开放以来的快速发展，我国经济面临着内外部的新挑战，传统的发展路径难以为继，几无可能支撑经济的新一轮发展。在此背景下，党的十八大确立了创新驱动发展战略，强调依靠科技创新提升经济发展的质量、培育持续动力。国家高新区走创新驱动发展的道路，没有任何现成经验可循，迫切需要科学、严谨、客观地评估发展现状、总结经验模式、分析预测趋势，进而形成对策建议。

创新驱动理论的相关论述比较丰富，国家高新区的发展过程中形成了较好的评价基础，但是基于数据论证和数学模型分析的研究非常有限，尚未形成统计学意义上的投入产出效率对应关系。受到高新区数量和评价指标数较多的影响，高新区的评价基本采用主观赋权方式进行，缺乏客观性和科学性。开展主成分的动态降维分析需要构建新的评价模型。而且，创新驱动的实践意义在于依靠科技创新实现高新区发展模式的科学转变，表现在统计数据的变化，特别是因变量对自变量的影响。已有统计指标虽然较为全面，但分析方法侧重对数据的研究比较，很难预测高新区综合水平的发展趋势，无法体现创新驱动的客观含义，对高新区的具体指导缺乏科学依据。

应通过对创新驱动理论、高新区评价、动态分析与预测等方面的研究，完成国家高新区实现创新驱动发展的动态评价指标体系构建和评价模型建立，客观表述统计指标在反映创新驱动特征中的功能和贡献，实现国家高新区发展综合水平的动态评价与演变轨迹描述，建立类别划分的动态模型，分析和预测发展趋势。基于新建立的评价指标体系，通过构建投入－产出效率分析模型，能够实现主成分要素的评价与验证，得出因变量和自变量的逻辑关系。在客观数据和评价结论的基础上，能够对国家高新区加快实现创新驱动发展提出经济、科技、政策等方面的对策建议。

国内外学者对创新驱动理论，以及高新区发展理论、模式、路径进行了大量研究，开展了一些高新区评价指标构建和主要评价方法研究，并对创新驱动视阈下的区域评价进行了理论和实证分析。

创新驱动的理论内涵与特征

自熊彼特 20 世纪初提出“创新”的概念以来，从狭义层面到广义范畴，科技创新、制度创新、产业创新的理论研究和实践探索不断充实丰富，创新与经济活动之间的关联更加密切。特别是创新驱动发展战略提出以来，经济发展与科技创新的内在联系更加受到关注。以创新驱动发展为主题的相关文献成果众多，对研究我国经济实现创新驱动发展提供了有益借鉴。

一、理论的提出

迈克尔·波特提出的国家竞争力四阶段理论，是最早的、相对完整的针对创新驱动的理论。他提出，国家经济发展主要经历 4 个阶段，包括要素驱动（factor-driven）阶段、投资驱动（investment-driven）阶段、创新驱动（innovation-driven）阶段、财富驱动（wealth-driven）阶段。在创新驱动阶段中，产业将体现完整的钻石体系，其关键要素可以发挥各自功能，将交互激励的效能达到最大化。

基于迈克尔·波特的集群理论，运用生命周期理论开展分析，集聚经济体生成收益的递减或递增依赖于时间要素，特别是体现在行业生命的周期变化。依据人口统计学与组织生态学的模型，结合历史和经济探索企业出生率和死亡率的范式，针对集群生命周期概念的研究方法成为新的趋势。但是，此类方法也存在很多限制。Ron Martin 等基于演进生态学的适应性管理理论，将集群演进作为适应性的程序，所得结果实现嵌套系统的阶段性互动。排除局限性的约束，此类方法对集群演进分析形成了更加广阔的研究框架和议程。在此基础上，生命周期理论构建了一个模型，能够阐释集群动力学实现驱动的集群在生命周期内的移动与该移动和集群生命周期差异，并在此模型中形成了集群生命周期不同阶段的假设。同时，从竞争力的维度看，单个企业在产业集群中的活跃程度，决定了其适应的结果，而本质上，适应的效益一定程度上由集群参与的类型所决定。在产业生态学的理论框架下，产业生态学被假设为集群范畴的一个独特概念，而将生态系统作为集群概念来考查，会对区域发展政策和产业生态学产生一定影响。

在演进过程中，尽管经济发展的“后发”与“先发”差异性影响了对创新驱动不同阶段的划分，但是由于发达国家总体上已进入创新驱动发展的阶段，其共性特征比较集中，主要有 3 个方面的特征。

第一，系统性政策布局。围绕科技创新和经济发展的核心目标，针对本国国情和发展阶段特征，着力健全政策体系。德国着力改革财政科研体制和科研机构，增强科研能力，激发创新潜力；韩国立足知识经济和全球化，强调科技创新对提升国家核心竞争力的重要作用，政策措施以风险投资、政策补贴、财政投入为主。

第二，依托科技创新的核心功能。19 世纪，亚历山大·汉密尔顿等开创了政治经济学学派，系统论述了技术创新是经济发展的驱动力，在此基础上丰富和发展了以技术创新为根本的资本理论，提出了在不同国家、产业之间的技术扩散，将对经济健康发展发挥积极作用。日本高度关注技术引进与自主创新的相互作用，采取知识创新、引进创新、知识产权保护等方式，提高技术创新在经济发展中的贡献率；英国更加重视创新过程，强调发挥好科学的重要功能。

第三，加强法律、法规体系建设。从制度层面强化科技创新的核心位置。英国在 1990 年之后，发布实施了 10 个有关加强创新的计划，其创新、大学和技能部于 2008 年 3 月公布了《创新国家》白皮书，阐述了国家层面的创新战略；第二次世界大战以来，《德意志联邦共和国基本法》等 16 部法律的颁布，标志着德国政府在顶层设计维度加强创新的宏观布局，重视从制度层面系统引领和布局科技创新。

二、主要内涵与特征

在创新驱动理论脉络的基础上，解构其内在本义和动力是研究创新驱动内涵的重要因素。胡钰提出创新驱动发展中，自主创新能力的提升是关键，推动科技经济的深度融合是重点，并就提升创新驱动发展新动力的 12 种方法进行了详细阐述；申文清围绕创新驱动发展新动力的外部环境，研究了政府部门、市场、技术革新、区位环境等要素对创新驱动发展的影响，提出了内部驱动力、外部驱动力的划分方法，并进一步运用灰色关联分析法，详细说明了基础设施、智力资源、市场需求、产业、金融等要素的影响和作用；肖文圣就创新、创新驱动的内涵进行了阐释，指出经济发展的主要驱动力来自科技创新，而“硬创新”——科技创新、“软创新”——制度创新对于增强创新驱动力同样重要。

在创新驱动的主要特征和内在机制方面，洪银兴指出效率问题能够依靠创新驱动解决，创新驱动更重要的作用是构建由人力资本、知识资本、激励创新制度等元素构成的新体系，实现技术创新方式的转变和知识、技术的协同创新，由外生转为内生；王涛等运用熊彼特创新理论，对比了创新活动和创新的差别，阐述了功能性和内生性的管理方式，及其对成果转化、创新机制的影响和促进，分析了经济推动、战略拉动等模式，完成了双向驱动模型的建立；夏天通过分析创新驱动的特点，系统总结出创新驱动抗周期和稳定性、创新对经济的驱动和原动力作用、创新驱动在国家竞争力四阶段理论中较难维系等论断；隋映辉分析了创新驱动的本质，指出创新驱动的内涵要从基础层面去认识，阐释了人才激励、服务链配套、科技创新等因素的影响，指出了对于创新驱动发展可能存在的误区。

在产业集群的产生和演进方面，Ron Martin 等将集群定义为一个复杂自适应系统（CAS），主要通过景观设计、积极反馈、边界约束和新奇的结果 4 个关键特性体验，在此基础上分析了处于转型之中的中国经济的两个集群，总结了集群开发过程这一概念在国内的理解，强调发展路径不可预测、路径依赖非常重要。Haruo H. Horaguchi 提出一个假设，即新的竞争模式往往由知识的协作带来，其原因是知识的创建在一个契约下的转移没有额外的成本，但在一个组织中是有的。在此基础上，面向既定市场网络的仿真模型，有效阐释了产业集群的衍生，基本得出结论，即每一个节点上生产水平的极端差异性是由网络规模所决定的。在措施采取之前，每个市场的条件是相同的，但措施采取之后市场产生的快速增长为整个网络产生巨大的产量。

在创新驱动的区域联系上，针对产业集群空间演进轨迹的表述方面，显著的共性问题是忽视了产业集群内部各主体间的协同关系。针对此类情况，N. Reid 等基于对经济关系研究方法无法获取的角度，从识别位于临界点产业成员（如政治家、经济学家、学者等）的网络与人际关系出发，研究提出了社会网络分析法。在创新的区域性系统方面，实现知识扩散、区域学习和资源有效配置的关键因素在于区域内的聚集性网络组织，而基于中国大陆和中国台湾地区的特定集群实证研究，进一步明晰了其网络的内在性关系。进而，如果想提高组织之间信任程度，能够通过促进信息流动或缩短距离来实现，这个结论建立在对产业集群的学习、信任、参与的研究框架上。

三、重要影响因素

创新驱动的实现过程既有其内在规律，又需要构建制度和体制机制以保障其顺畅实施，主要表现在 4 个方面。一是政府定位，由于创新演进过程中呈现出多阶段、长周期、依赖性的动态变化及不确定性，复合实物期权成为创新预期投资回报收益的主要特征，这导致了政府缺乏创新的激励动力，而更加偏好采取要素驱动的方式。二是政策与制度创新，针对经济活动参与主体的潜力和活力，迫切需要激发各类资源的科学配置和新技术、新知识的合理流动，而这需要建立有效的激励机制和规范体系，有效促进观念转变和要素升级，实现经济平稳较快发展。三是市场作用，面向人才、信息、资本等多类别特征，特别是受制于刘易斯拐点带来的劳动力约束，尤其是高层次人才队伍建设相对滞后，需要探索构建有利于创新驱动发展的新兴市场体系。四是文化机制，从推动技术进步和经济社会发展的影响要素来看，文化的决定性作用更加突出，必须有效发挥文化资源的外溢效应和辐射功能。

从创新驱动过程的功能和作用看，影响因素众多，而基于经济活动、科技活动和两者结合的角度，主体性因素的划分方式差别很大，特别是文献研究过程中关注点和分析方法也呈多样化特征。主要包括如下几个方面。

第一，主体行为在创新驱动进程中的功能研究。主要聚焦在创新驱动的环境下，基于高等院校、科研机构、科技服务机构、企业等创新活动的主体要素，围绕区域性创新竞争力提升而开展研究，通过比较分析、解构研究等方法，逐一分析单个主体要素，从而形成了区域经济发展过程中各类创新主体的内在演进联系。同时，在科技中介机构的研究过程中，以生产力促进中心为代表的典型机构初步形成了创新驱动发展背景下的科技服务业发展的基本作用和路径依赖。

第二，企业在创新驱动环境下的作用与功能。从创新的角度看，企业在创新驱动背景下的作用更加突出，特别是基于科学复杂性的研究环境，企业具备了显著的竞争优势，而根本原因就是其利用和配置相关要素的能力相对其他创新主体更加突出，主要包括在知识创新、技术攻关和整合创新要素等方面的能力，特别是在内部对各类要素的聚集和整合，以此对企业的发展产生了耦合与交互功能。此外，有相关研究得出了双重激励的结论，即创新对企业发展的激励与企业对创新演进的主体作用，其研究过程主要基于企业发展过程中不同影响因素的边际效益差异。

第三，知识产权和专利的功能。新的发展驱动模式情景下，知识产权的激励作用更加凸显，由于创新活动中知识产权或专利的前驱动机制，知识产权与创新、发展的循环演进和有效驱动得以实现。基于这种有效性，创新对知识产权产生新的影响，迫切需要在政策层面和激励措施方向形成新的措施，而且需要对专利政策的成熟度进行甄别，采取法律手段固化有效政策，进一步健全满足依靠创新实现发展核心需求的知识产权政策环境。

基于创新驱动的区域评价研究

创新驱动从概念到理论和实证研究进程相对较短，针对区域性的评价文献仍然有限。从目前文献研究方向上看，主要体现在理论研究的深化、宏观研究的比较借鉴、区域创新特征的局部实证研究等方面。考虑到高新区的特殊作用，对高新区创新驱动实证评价的研究情况单独说明。

一、评价基础

构建创新驱动的评价测度标准和方法，合理地对创新驱动量化评价是衔接理论与实践的重要步骤，通过进一步解读和阐释创新驱动的基本理论，进而深入分析统计学意义和实证意义层面的评价指标。国际上已相对系统地建立了创新与经济发展之间关系的度量方法，构建了创新绩效和科技竞争力的评价体系，根据评价范围、主体、目的、指标的不同，形成了一系列度量和评价方法，如欧盟创新记分牌（IUS）、知识经济指数（KEI）、全球竞争力报告（GCR）、科学技术和工业记分牌（STI）、全球创新指数（GII）、创新能力指数（ICI）等。借鉴国际经验，国内对创新驱动的评价和测度也出现了相关专门的研究。

创新驱动发展在理论探索和实证研究方面的时间相对偏短，因而从不同角度分析是研究评价创新驱动发展的必要方式，主流研究集中在 3 个维度：首先是融汇评价核心理念，如卓越绩效模式、国家的创新驱动路径建模、知识竞争力的指数构建，在此基础上涉及评价标准框架，形成判别影响创新驱动的各类因素的基本原则；其次是基于特定区域或空间范围而开展的创新驱动测度，采取分层构建评价指标体系的方式，对知识创造、创新环境、投入产出效率、对外开放等方面进行指标考查，针对地区或城市的规模差异开展实证分析；最后是基于区域或空间范围的特定主体，以区域内部的特定主体要素或资源禀赋为重点进行评价，因为评价样本的孤立性，评价目标和实效途径较易确定和实现，主要应用于科技资源配置、创新型企业等方面的研究。

此外，集群供应链、创意集群、IT 产业集群等也是产业集群理论的热点方向。集群供应链领域，指出基于协作博弈的前提，可能出现企业处在不均衡状态的问题，在集群供应链中它成为一个必须被考虑的重要问题。而破除不均衡状态的常见方法包括了演化博弈理论、拒绝博弈理论、对称的协作博弈模型，由此集群供应链能够获得一个有效的帕累托优化方法。创意集群领域，一般看作产业集群的子集，可以采用类似其他产业的经济分析与政策响应。但是，它不同于波特和马歇尔提出的产业集群。使用文化创意集群这个术语时，关注点集中于文化领域。IT 产业集群领域，研究发现了 IT 产业集群在其创建、持续发展并取得成功之下的特征，而且突出了 IT 产业集群和其他产业集群存在明显差异的独特特征。也有研究扩大了产业集群概念的使用范围，提出在全球或本地采购过程中，增强对产业集群的分析与判断，进而基于集群概念整合而形成差异化的新采购方法。

二、评价对象

评价对象主要有创新能力、竞争力、绩效 3 种。

（一）创新能力评价

在实现创新驱动发展的条件下，区域的创新能力主要表现为程序性知识获取能力。在区域内产业整体组织结构中，有利于交互式创新活动的程序和知识，包括外部知识的搜索与获取、内部知识的共享与交流、互补性知识单元的协同与整合，以及在此基础上的再创造与积累。其载体主要是主体间（企业间、企业与各类机构间、企业与区域外主体间）一套相对稳定的网络化关联机制，具体有如下两个比较经典的模型。

二系统模型。该模型是库克从联合治理、集聚经济、邻近资本、制度学习、互动创新 5 个方面，对欧洲的部分区域创新系统进行研究后总结得出的区域创新系统具体构架，研究表明，知识应用和开发子系统、知识产生和扩散子系统两个子系统构成了创新系统模型，该模型会受到外界影响。

四要素模型。该模型由拉多塞维克提出，基于分析研究欧洲的区域创新系统，进而构建了四要素模型。四要素分别为国家层次要素、区域层次要素、行业层次要素和微观层次要素（图5-1）。他指出，区域创新系统依赖于国家、区域、行业和微观这4个决定性要素，而四要素的动员能力则决定了集群的竞争力。

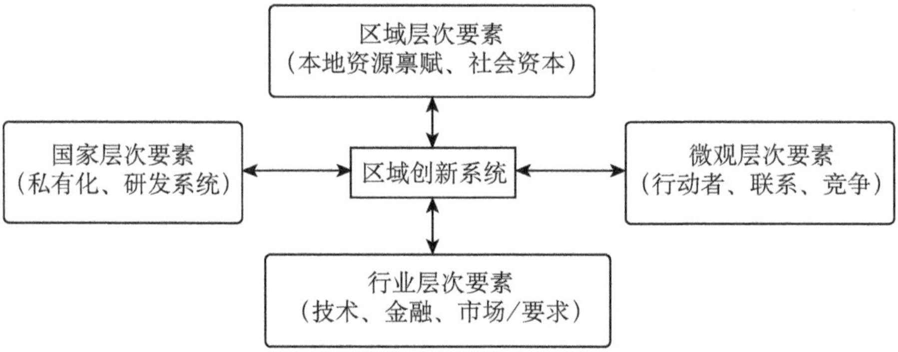

图 5-1　四要素模型

在选择评价方法方面，评价创新能力涉及基于多因素的综合评价，其主要的指标赋权方式，包括客观赋权方式和主观赋权方式。客观赋权方式中，灰色关联分析法、因子分析法、密切值法、熵值模糊综合评价法、BP 神经网络算法相对常见；而主观赋权方式中，综合指数法、层次分析法、模糊层次综合评价法等更为常见。同时，也有研究文献中综合运用 DE 算法和 BP 神经网络算法、综合使用熵值法和 TOPSIS 法、使用补偿模糊神经网络算法等。

在构建指标体系方面，针对集群创新能力评价要素的综合判读，探索建立多层次、多维度的指标架构和表征体系，基本的研究维度包括绩效维度（经济绩效、投入产出效率）、网络维度（创新的环境、主体、支撑网络）、集群维度（体系化的创新能力、骨干企业的创新水平、网络化的创新氛围、集群内的企业总体技术创新能力）等。

（二）竞争力评价

针对创新型区域的特征，主要从能力、结构、因素 3 个维度来阐释其竞争力的内涵，总体上看，竞争力建立在各类产业资源的基础之上，依托企业动态联系和递进演化的网络，形成了影响其发展环境的能力，进而获得产业集群在市场竞争中的整体绩效。最为经典的是钻石模型。

最为常用的是 Tim Padmore 等在改进钻石模型基础上提出的 GEM 模型（图 5-2），包括 6 个因素及其两两形成的 3 组因素对。第 1 组因素对——基础（groundings），本质是集群供给，主要是集群生产过程中受到的来自外部的影响，体现在资源、设施上；第 2 组因素对——企业（enterprises），本质是集群结构，主要是支撑产业、生产效率和企业的战略、竞争、结构，表现为战略和竞争、供应商和相关辅助行业。第 3 组因素对——市场（markets），主要是产业集群的各层次、各类型需求，表现为外部市场、本地市场。

在近几年的研究文献中，GEM 模型的改进方向主要体现在新增修正因素，以此对原有模型进行完善，比较典型的有：GEMN模型（集群内竞争合作关系、动员资源的嵌入性）、C-GEM 模型（新增产业链因素）、GEMC 模型（新增创意因素）、GEMS 模型（创造第 4 组因素对，包括社会环境和政府政策因素）等。

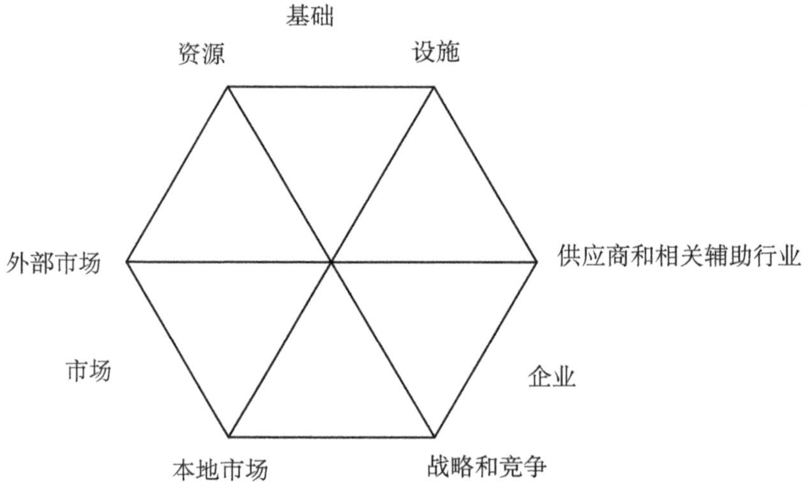

图 5-2　GEM 模型

（三）绩效评价

对于区域的绩效评价，国外研究聚焦于对竞争力的定性评价，国内研究聚焦于在借鉴国外相关理论的基础上对评价指标体系的设计和评价方法的改进。

Kaplan 等提出平衡记分卡。其关注点聚焦组织的战略结构，核心要素是战略目标、维度、指标与指标值、行动计划，更加重视学习和创新、顾客、财务、内部经营过程等。平衡记分卡的评价程序：一是明确远景战略，包括远景目标的清晰化和一致化；二是连接与沟通，包括规划目标、实现激励与绩效挂钩；三是设计指标，包括确定具体指标、规划行动计划、合理配置资源、明确里程碑目标；四是反馈与学习，包括反馈信息、重新审视战略。

21世纪初，安迪·尼利等首先提出了绩效棱柱法，其本质是面向利益相关者而构建的新型评价方法，重点是从利益相关者的愿望及要求角度出发，通过满意、贡献、战略、流程、能力等维度的评价，更好地向利益相关者传递价值。

Paul Werbos提出的BP神经网络算法，包含了输入、隐含、输出3层。从层次数量上看，输入层、输出层都是单层，隐含层的数量则不确定，其运行机制是在事先不清楚或者不需要清楚某种映射关系的情况下，实现较大规模输入与输出映射关系的存储和学习，利用最速下降法来完成反向传播，以此进行网络权值、阈值的不断调整，最终满足误差的平方和最小。在评价产业集群的绩效时，一般情况下，通过基于BP神经网络算法的大样本量训练，获得评价产业集群的指标权重，而这就是经过训练完善后的神经网络反映出的最终权值。

三、区域的特定研究

在省份、城市等区域中，其目标性特征比较清晰，因而研究相对丰富，基本方法是定性设计框架与路径、比较分析问题、梳理客观条件等，在体现区域的特定性、实践特点、政策和措施的可操作性等方面具有一定优势，不过定量研究相对较少。国内的研究主要集中在两个地区。

一是经济发达地区。以珠三角、长三角地区为代表，其经济发展和科技创新的水平处于较高阶段，各类资源特别是创新要素的配置能力突出，在基本实现小康社会建设目标的特定历史时期，必然面临更高发展的迫切需求，由于发展路径和环境的约束，传统模式只能让位于创新驱动。在此过程中，科技创新的核心驱动功能更加凸显，围绕科技创新部署和探索是大势所趋，营造创新氛围、更新创新理念、鼓励全民创新、构建创新平台等新思路层出不穷。同时，对创新区域的研究更加多样化，从苏南自主创新示范区等，到计划单列市、副省级城市、省会城市，甚至针对广东省已经开展了专业镇的针对性研究。

二是经济相对落后地区。由于我国地区差异的客观性，东、西部地区的经济和科技鸿沟明显，东部地区各省份之间也存在发展差异，改革开放以来，主要采取了依靠生产要素作为主要驱动力的发展路径，少数西部地区的科技创新大省，在成果转化、人才聚集等方面，外向流动特性非常典型，对本地区的贡献率偏低。在未来发展模式的选择上，沿用经济发达地区传统的要素驱动型模式只能一味跟踪和模仿，无法真正实现后发优势和赶超，因而需要采取创新驱动的新路径，依托区域内已有的政策制度、文化资源等优势，重新建构和规划新的框架和驱动发展的新轨迹。

作为创新型区域发展的典型代表，我国高新区的演进实践对研究科技与经济融合发展过程具有重要意义。基于20世纪90年代的经济基础，国家高新区和省级高新区针对各自的优势和特点，积极探索符合自身实际的演进路径和具体模式，依靠科技进步的推动作用，实现了区域经济的持续快速健康发展，经过20多年的积累，体现了要素驱动与创新驱动相互交织的特点，这也为当前形势下开展区域创新驱动研究提供了有益借鉴。程郁等采取超越对数的随机前沿生产函数模型，通过对全要素生产率（TFP）增长的测算，从创新驱动经济增长机制和方式入手，分析在高新区发展过程中科技所做的贡献，由此得出了结论："二次创业"的演进过程中，劳动的高质量特征对经济发展提供了更多支撑，但是传统的资本和土地等要素投入则出现了规模不经济的情况，与全国的全要素生产率相比，高新区的整体水平相对更高，更充分地体现了技术进步的影响和作用。基于这一判断，在创新驱动发展的背景下，高新区必然进入了从要素驱动转向创新驱动的阶段。同时，面对新的阶段特征，高新区也面临着自主创新能力不强、创新资源整合力和辐射能力不高、产业层次偏低、战略地位不明晰等问题，亟须推动发展理念转变、优化创新定位、改革体制机制、创新制度体系，加快具备自主创新典型特征的产业集聚发展，进一步优化产业结构。在此基础上，针对特定高新区的实证研究表明，内外部的创新驱动因素对自主性和绩效具有正向影响作用，而在外部驱动与自主性之间，内部驱动具有中介功能，在创新绩效与内外部驱动之间，创新自主性呈现中介作用，同时，在创新自主性与外部驱动之间，环境动态性具有正向调节功能。

高新区发展的类型与理论基础

国外高新区的研究主要是理论创新与发展实践相伴而生，而国内高新区是在借鉴国外经验的背景下开展研究探索。同时，在新的经济和科技发展形势下，我国的高新区基于国情实际，发展探索出新的理论模式，并呈现多样化、多元化特征。

从高新区发展的演进过程看，由于与高新技术及其产业的国际兴起同期，其体现了融合发展的特征：企业处于主体地位，充分发挥了其市场敏锐性和选择产业发展模式的先天优势，在推动产业成长和高新区发展过程中承载了核心功能；科技创新在产业和高新区发展进程中始终发挥着内涵式的动力功能，不管是在发达经济体，还是在发展中国家，甚至科技创新成为发展的核心力量，同时也反映在与科技活动密切关联的知识产权、制度与管理创新上；空间集聚的特征显著，既有利于实现产业类的空间布局，又有利于降低成本和构建产业链，特别是依托高新区的物理载体作用，更加便捷地形成了科技创新、功能同化、产业集聚之间的良性互动。

从形成途径与发展模式看，理论上的发展类型包括：技术内生，依托智力和技术密集的优势，高新技术企业在高新区快速成长，进而拓展形成了新的产业集群；技术引进，由于所在地的经济和科技要素稀缺，通过资本和技术的引进，带动形成产业而建立高新区；技术改造，重点针对具有一定传统产业（特别是工业）基础的区域，采取技术改造的方式，调动原有产业与科技的各类资源，激发活力，从而形成产业的转型升级或新的产业发展，并以此建设高新区；军工技术转化，依托已有军工科研或产业能力，面向民用转化应用，培育集聚特征的产业集聚区；多途径发展，兼具上述一种或多种类型的高新区。在理论和实践的共同作用下，国家高新区加快实现了科技成果的转移转化和产业化，探索了不同类型情况下的发展路径，实现了高新技术产业发展的“中国模式”。

在理论基础方面，主要有以下几个方面。

一、产业集群理论

产业集群理论是结合包括经济地理、区域经济、国家创新系统、传输知识理论、社会资本理论和社会网络等在内的各种理论而形成的一种新的理论。随着产业集群的影响力超越国家的边界并且产业集群带来了交易和盈利的新理论，其已经成为一种国家竞争力。但同时也面临一些问题，主要是侧重描述存在的集群组织而不是新集群的出现、集群互联性的测量，以及完全公共部门作用的解释 3 个方面。

众多国内外学者在研究中对产业集群的内涵进行了阐述，主要观点有：产业集群是一个有着智能交互的多主体复杂适应性系统；产业集群是因地理聚集而形成的一种竞争优势；产业集群是依托科研单位、行业协会、金融机构等密切联系的组织结构，通过空间集聚从而形成持续和稳定竞争优势；产业集群是克服市场失灵和内部组织失灵的一种制度性办法；产业集群是相同的产业高度集中于特定地区的一种产业成长现象。

二、增长极理论

增长极理论是 1955 年出现并发展的，最初是法国学者弗朗索瓦·佩鲁提出的，随后由保德威尔（1966）、汉森（1967）不断丰富和发展，其核心内容是在某一特定区域内，针对具有主导地位的工业部门，联合形成具有高度活力的集聚工业，在实现自身迅速发展的同时，基于乘数效应而带动相关经济部门发展。此后，增长极理论演化出功能派和地理派。

针对我国高新区的实践，增长极理论更多表现为知识经济的先导效应、改造传统产业的辐射效应、区域经济增长的带动效应、改革的率先效应、国际化的领先效应、文明社区的示范效应，进一步表现出极化作用与涓滴效应，即：基于长时期视角，涓滴效应更加明显，超越极化过程，实现高新区与周边区域的共同发展；而基于短时期视角，极化作用产生抑制效应，高新区周边区域受到负面影响。

三、孵化器理论

1959 年约瑟夫·曼库索提出了企业孵化器，并进一步丰富了其内涵，实现了实体化的推进。其核心要义是搭建用以满足创业需求的各类环境和平台，包括设施场地等硬环境，项目、管理、资本、信息等软环境，以及有利于创业的文化、舆论等氛围，从而实现控制创业分析、减少创业成本，进而加快企业的孵化和毕业进程。

如果与高新区比较，两者既有关联性，也存在差异性。孵化器的规模比较而言更小，但是功能更加集中，其关注重点是科技创业的初期和起步阶段，侧重企业从零开始、实现起步、构筑基本功能的过程，而高新区则与孵化器有机衔接，承载具有一定规模和创新能力的企业，实现其功能的丰富和发展，进而培育企业的集聚化和产业的集群化。

四、空间扩散理论

哈格斯特朗创造性地开展空间扩散现象研究，其 1953 年出版的 *Spatial Diffusion as an Innovation Process* 为空间扩散理论的兴起奠定了基础，强调了技术创新扩散的空间表现形式是技术创新空间扩散，通过应用学习或交流的模式创新，最终推动信息有效流动的客观实现。

Brown 在 1981 年提出了采用观点，认为技术创新空间扩散机制主要取决于扩散需求者的采用机制。而 Berry 在 1994 年形成了基础设施观点，认为扩散过程的主导决定因素是市场或资源等条件下的技术创新适应性。而 R. Nelson 等在 1982 年建立了经济演进的观点，此后，对技术创新扩散的研究逐渐集中在系统观、演进观的视角和维度。

高新区发展模型

科学分析评测高新区，有助于高新区战略定位、规划编制、制度政策等方面的研究和实践，通过构建科学的评价体系，进一步明确发展路径和支持手段，因此关于构建高新区评价体系的研究数量较多，研究方法和方向也较为广泛。研究高新区的发展模型和变化，有助于深入掌握高新区发展的主要驱动因素及其作用机制和过程，以此更加科学、客观地确定评价思路和方法。

一、产业集群识别

有关产业集群的识别方法中多数是国外提出的，其他国家和地区关于高新区的评价体系对我国高新区评价体系的建立具有重要借鉴意义。John Phillimore 认为知识与高新技术产业之间并非是线性转化关系，并建立了较为复杂的非线性模型和反馈机制；Yu-Lin Wang 等构建了评价高新技术产业部门的信息采集能力的方法；Samtani 等认为多学科跨领域的技术转移是高新技术创新的重要途径；Taylor 等基于产业集群视角，综合分析和评价了美国亚特兰大的产业外部环境；Chung-Jen Chen 等提出了市场潜力、技术水平、政府政策等评价指标；Alberto Albaharia 等建立了评价体系，并对不同国家的高新区进行了横向比较。

关于产业集群识别的研究主要包括利用区位熵法进行实证分析和研究、在实际应用中寻求方法的组合两个方面内容。基于单指标区位熵法对产业集群进行识别，即在产业集群内涵的基础上，运用相关经济数据对产业集群进行识别，并在集群存在的基础上判断该集群所处的演进阶段及所呈现的特点。考虑到各种产业集群识别方法均有优劣，在实际运用中将不同的识别方法进行了组合，主要有区位熵系数和边际产出比值的组合、区位熵系数和产业联系密度的组合、区位熵系数和产业集聚指数的组合。

二、模式演化

高新区发展的基本模式，包括创新创业环境营造为主、产业选择为主、生产要素投入为主等，特别是我国地区的客观差异性，相关模式在各类地区发展起来的高新区实践中都有代表。在管理体制方面，建设起步阶段上级政府的派出管理方式，能够有效解决政策实施的协调障碍问题，具有加速推进的功能，但是面对创新驱动的阶段特征，高新区遇到职能与行政区趋同的影响，出现回归原有管理体制的异动时，应当坚持高新区管理的体制机制优势。

高新区的分工方式，从内部看，以水平分工为主，而高新区之间，更多地体现为垂直分工。从路径依赖上看，产城融合等新特征的出现，强化了市场对高新区发展路径的影响，需要建立与之相适应的规划、政策、法律等新型激励机制。此外，基于自组织理论对发展演化进行的分析，既拓宽了理论工具的范畴，又可以模拟高新区发展的演化过程，从创新能力、产业能力、创新要素集聚度、创新创业环境、全球竞争力等方面形成新的演化路径。

三、主导产业选择

一般情况下，高新区发展不会是全面实现，必然要从一些产业方向上形成突破，之后产生集聚和外溢带动效应，率先形成区域的经济和科技发展，进而通过关联效应推动相关产业和区域的整体发展。在相关研究中，高新区的主导产业选择比较集中。

定性的选择原则，主要是以产业、区域经济学为理论基础，针对高新区主导产业的特定和外部约束，形成选择主导产业的基本遵循，如产业关联、比较优势、社会经济效益、市场导向、可持续发展等。

量化的选择原则，主要是基于构建产业选择评价指标的约束条件，考虑自然禀赋、市场需求、生产要素、产业结构等因素，探索主导产业的选择机制，依据区域产业的特定结构形成样本数据集，从而研究形成决策系统，围绕反映评价指标内在关联的基本出发点，分析数据的联系和规律，最终获得评价产业选择的基本规则。

第六章　高新区评价探索

国家高新区从1988年起步孕育，到1991年全面启动建设，直到2008年国际金融危机展现出底蕴和韧性，方才有机会展示高新区发展的重要意义和重大价值，同时创造了新一轮高新区扩围的机遇。应对危机的过程中，不同高新区的表现有所差异，也为探索新的评价分析模式提供了难得的机会。结合工作实践，尝试对2008—2012年国家高新区的情况进行分析评价，仅代表研究结论。

动态评价分析

国家高新区在不同层面和不同内容上形成了一系列的绩效评价研究探索，对分析高新区的发展脉络和演进规律具有较好的理论与实践意义。综合相关研究看，体现高新区评价的客观性、动态性和实践性，成为更好地发挥评价导向作用的重要方向。侧重构建创新驱动发展背景下的高新区评价指标体系，并采取动态分析方法研究其发展内在特点和规律性特征。

一、指标体系

（一）现状分析

国内具有较高影响力的是科技部制定的一类评价指标体系。此类评价指标体系通过对高新区综合实力的横向比较评价来反映高新区的整体发展状况。科技部制定的高新区评价指标体系主要有两套：一是纳入国家经济和科技统计体系的高新区统计指标体系（表 6–1），这也是国家高新区评价的主要依据；二是 2013 年建立的国家高新区创新能力监测指标体系（表 6–2），这是探索建立创新体系监测评价制度的重要内容。

表 6-1 纳入国家经济和科技统计体系的高新区统计指标体系

序号	指标名称
1	企业数
2	从业人员数
3	上缴税费
4	出口创汇
5	工业总产值
6	工业增加值
7	净利润
8	年末资产
9	年末负债
10	总收入
11	技术收入
12	产品销售收入
13	商品销售收入
14	科技活动人员
15	科技活动经费支出
16	R&D 经费支出
17	大专以上
18	中高级职称

表 6-2 国家高新区创新能力监测指标体系

分类	指标名称		
综合指标	• 注册企业 • 新注册企业 • 当年认定高企数	• 高新区 GDP 占比 • 财政总支出 • 财政科技拨款	• 研发机构数 • 创新促进机构数 • 孵化器、加速器内企业数

续表

分类		指标名称		
企业指标	经济指标	• 营业总收入 • 高新技术产业收入 • 出口总额	• 技术服务出口额 • 净利润 • 年末资产	• 年末负债 • 劳动者报酬 • 规模以上企业能源消耗
	人员指标	• 年末从业人员 • R&D 人员 • 高技术服务业从业人员	• 留学归国人员 • 外籍常驻员工	
	科技指标	• R&D 经费内部支出 • 技术合同成交总额 • 产学研合作研发费	• 国家、国际、行业标准 • 重要知识产权数量 • 欧美日专利和商标	• 委托开展研发活动费用支出 • 境外技术研发机构

除了上述两套由科技部制定的评价指标体系之外，硅谷指数、中关村指数、张江指数也是比较知名的高新区评价指标体系。

硅谷指数是衡量区域创新能力的重要指标，于每年年初进行发布，其评价指标主要包括人力资源、创新经济、社区环境、场所基建、地区治理 5 个一级指标和下属 16 个二级指标、50 余个三级指标。创新经济下属三级指标中的专利、瞪羚企业数量和风险投资是反映硅谷创新能力的 3 个重要指标。

中关村指数由北京市统计局和中关村科技园区管理委员会联合编制发布，主要出发点是构建具有全球影响力的科技创新中心，相对全面地反映中关村科技园区创新创业的体系框架，从经济增长、经济效益、技术创新、人力资本、企业发展等五大类 15 个指标，重点监测 11 个行业和 6 个领域，因而在对高新技术产业的动态监测方面实现了有益探索，并能反映其结构的动态变化情况。

张江指数作为上海市的科教核心指标，重点在6个方面定量评价原始创新、集成创新、引进消化吸收再创新等的综合能力，主要维度包括创新的主体、人才、环境、投入、水平和成果等。该指数基本体现了上海张江高新区的创新能力，对科学客观反映高新区的综合创新能力形成了基础，也为进一步发展明确了主要方向。

国家高新区在发展和演进过程中，体现了科技创新与经济社会融合发展的特点，相关研究文献比较丰富，主要聚焦在静态分析、评价体系筛选等方面。很多研究采用层次分析进行评价指标的选择，部分文献基于隶属度分析方法进行评价指标的筛选。

从文献分析看，主观评价的方法相对常见，特别是专家评价等定性研究较多，而定量研究更加侧重静态的演进分析。高新区在其发展过程中更多体现的是动态特征，为此，应运用主成分分析的方法，基于时序立体数据表，采取定量方式开展研究。

（二）筛选原则

鉴于国家高新区评价的动态性和贡献差异性，结合实证研究，指标筛选原则主要有以下几个。

一是权威性。考虑到是对全国范围的国家高新区进行评价，因而采用了科技部组织开展的高新区统计调查的数据。同时，由于动态评价对指标的时间跨度有一定的要求，所以在科技部公布的两套指标体系中，没有采用监测指标体系，而是使用的统计指标体系。

二是代表性。国家高新区的统计指标基本反映了国家高新区在经济发展和科技创新方面的特征，同时在规模性和效益性方面也各有侧重。在指标筛选过程中，要充分兼顾不同类别、不同特征的指标。

三是典型性。基于研究方向，选取的指标应主要体现科技创新对经济发展规模和质量的作用与贡献，同时应体现科技活动内部的特征与规律。此外，经济发展过程中具有典型意义的成分数据，也应作为评价指标优先考虑。

四是实践性。虽然现行的统计指标基本都具备了对应的经济与科技活动的现实意义，但是从指导国家高新区下一步创新驱动发展的角度看，部分指标的实践特征更加明显，如果经过数学验证后具有典型意义，则在形成相应对策建议时更具有实际意义。

（三）指标选择

综合上述原则，鉴于现有指标中直接体现科技创新活动的指标主要有 3 个，因此将科技活动人员、科技活动经费支出、R&D 经费支出作为评价变量；在收入指标方面，技术收入和产品销售收入分别体现了科技活动对收入的影响、高新区内企业通过制造加工环节获得的收入，而商品销售收入仅是单纯的产品卖出，虽然占有一定的比重，但从高新区发展的导向来说，选择了前两个指标；从规模和质量的角度看，工业增加值相较工业总产值能够更好地反映工业发展的质量，而总收入是在总体上体现高新区的经济规模，出口创汇则是反映高新区国际化的唯一指标。简言之，共选择了 8 个指标作为动态评价变量（表 6–3）。

表 6–3　变量名称

变量	变量名称	单位
V_1	总收入	千元
V_2	工业增加值	千元
V_3	出口创汇	千美元
V_4	技术收入	千元
V_5	产品销售收入	千元
V_6	科技活动人员	人
V_7	科技活动经费支出	千元
V_8	R&D 经费支出	千元

二、动态评价主成分分析

（一）数据表构建

时间区间为 2008—2012 年，评价样本点的集合为 54 家国家高新区。通过对 54×8×5 维的时序立体数据表开展主成分分析，并与原始数据进行实证对比研究，中关村科技园区的综合水平显著高于另外 53 家国家高新区，反映在散点图上即中关村科技园区游离在外，另外 53 家国家高新区被动形成集聚，难以充分体现国家高新区之间的差别和动态演进。基于此类特殊情况，考虑到研究分析的有效性和实证意义，将中关村科技园区作为异常点并剔除，时序立体数据表修正为 53×8×5 维并开展主成分分析。

（二）分析检验

基于 KMO（Kaiser–Meyer–Olkin）、Bartlett 球形检验，研究判别因子分析的可适应性。经过计算，Bartlett 球形检验的卡方检验 P–value 小于 0.05，KMO 的检验值是 0.813，能够进行主成分分析（图 6–1）。

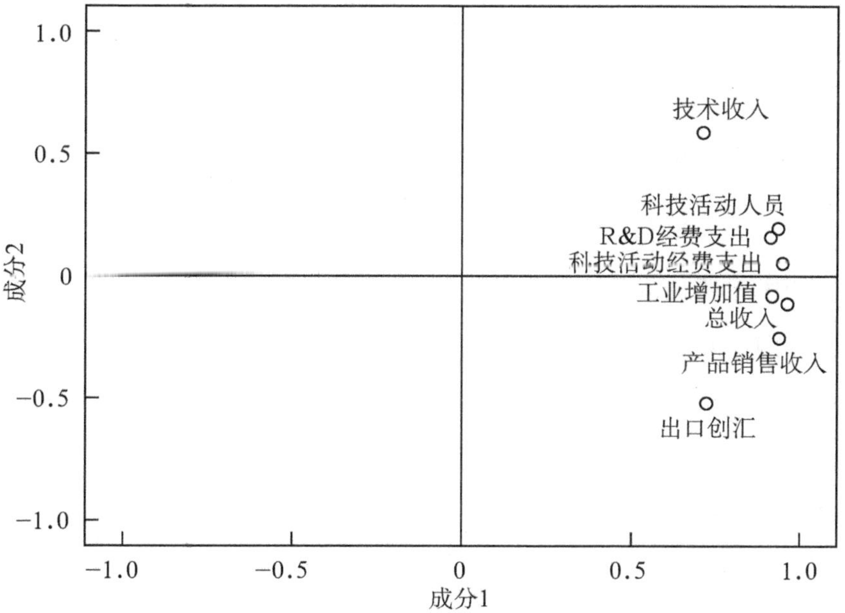

图 6–1 相关成分

由此获取前两个主成分开展研究，其累计贡献率达到

87.899%（表 6–4），保留原始信息超过 85%。依据成分得分的系数矩阵，获得主成分因子得分表达式。

表 6–4　累计贡献率（各成分）

初始特征值				提取平方和载入		
成分	合计	方差的	累计	合计	方差的	累计
成分 1	6.268	78.349%	78.349%	6.268	78.349%	78.349%
成分 2	0.764	9.551%	87.899%	0.764	9.551%	87.899%
成分 3	0.396	4.947%	92.846%			
成分 4	0.300	3.752%	96.598%			
成分 5	0.129	1.615%	98.213%			
成分 6	0.097	1.207%	99.420%			
成分 7	0.041	0.519%	99.939%			
成分 8	0.005	0.061%	100.000%			

根据成分矩阵，第一主成分和总收入的相关性超过 0.95，另外还有 5 个变量对第一主成分贡献明显，而第二主成分出现了典型的正相关和负相关，技术收入的贡献明显，而出口创汇则产生相反的作用（表 6–5）。

表 6–5　成分矩阵

变量名称	成分（F1）	成分（F2）
总收入	0.963	–0.111
科技活动经费支出	0.948	0.054
产品销售收入	0.939	–0.254
科技活动人员	0.929	0.191
R&D 经费支出	0.912	0.164

续表

变量名称	成分（F1）	成分（F2）
工业增加值	0.915	–0.082
技术收入	0.713	0.585
出口创汇	0.722	–0.521

针对2008—2012年的国家高新区总体发展，为更加充分地表现其动态过程，进一步计算不同年份数据表的总体水平（表6–6）。

表6–6　不同年份数据表的总体水平

年份	53家国家高新区		54家国家高新区	
	F1得分	F2得分	F1得分	F2得分
2008	–0.310 08	–0.182 66	–0.276 15	–0.071 89
2009	–0.198 02	–0.138 02	–0.166 32	–0.022 32
2010	–0.107 09	–0.120 78	–0.075 94	–0.001 07
2011	0.107 69	–0.101 44	0.140 94	0.028 36
2012	0.341 77	–0.083 34	0.377 47	0.066 92

三、评价结果及初步结论

（一）总体态势平稳上升

基于全局主轴可以生成第一全局主平面图，从而分别绘出54家国家高新区和53家国家高新区的总体发展水平时序历程（图6–2、图6–3）。

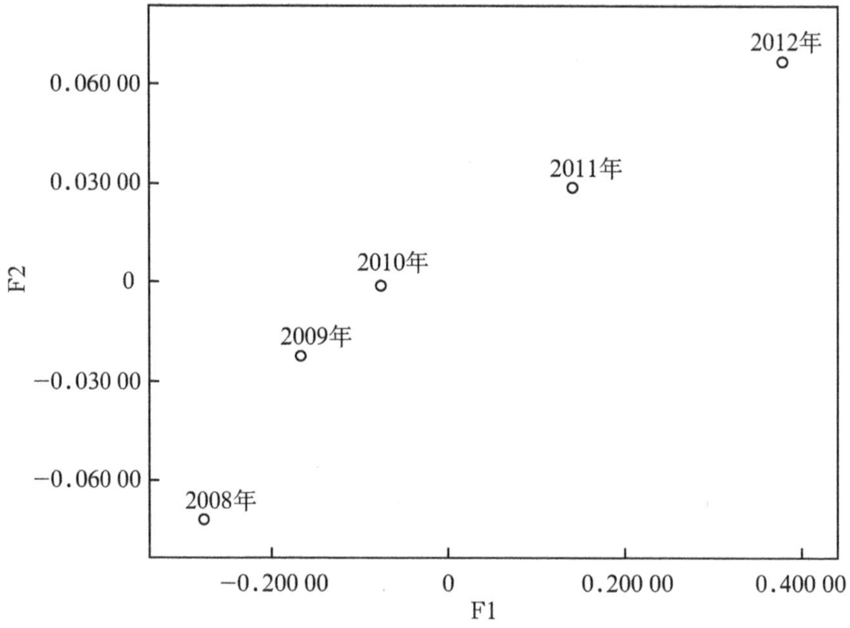

图 6-2　54 家国家高新区总体发展水平时序历程

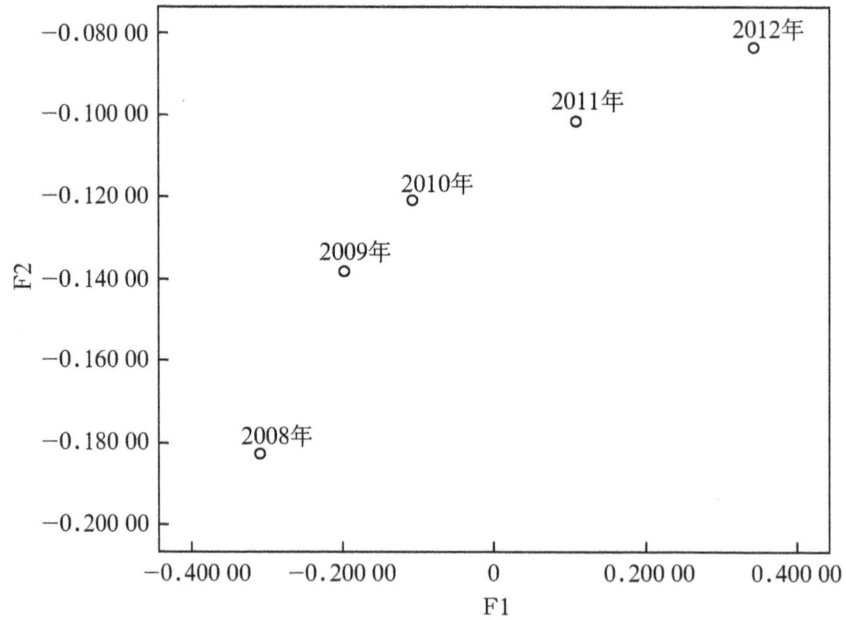

图 6-3　53 家国家高新区总体发展水平时序历程

可以看出，54家国家高新区总体发展水平呈现向右上方发展的趋势，这表明在2008—2012年，54家国家高新区的规模水平、科技总体水平与经济外向度都呈上升状态。

2008—2009年，54家国家高新区的规模水平与经济外向度呈中幅增长，科技总体水平显著提高；2009—2010年，其规模水平与经济外向度呈稳定增长，科技总体水平仍呈增长态势但增速下滑；2010—2012年，其规模水平与经济外向度呈快速增长，科技总体水平持续提高。

2008—2012年，54家国家高新区逐步走出经济危机的阴影，发展速度逐渐恢复正常，总体发展水平不断提高。在此期间，主要有两个重要因素影响国家高新区的发展：一是规模水平与经济外向度；二是科技总体水平。

从图6-3可以看出，53家国家高新区总体发展水平时序历程与54家国家高新区总体发展水平时序历程在整体趋势上十分接近，但是在相同年份下进行比较时发现，其第二主成分的得分显著较低，同时第一主成分的得分也略低。由此可见，中关村科技园区的科技总体水平远高于其他53家国家高新区。

（二）动态评价差异明显

由前面的分析可以发现，第一主成分的相关系数中，8个原始变量均表现出正相关且相关系数较高。由此采取主成分分析方法，可以求出2008—2012年各国家高新区的第一主成分得分，从而得到53家国家高新区（除中关村科技园区外）排名（表6-7）。

表6-7 53家国家高新区（除中关村科技园区外）排名（2008—2012年）

名称	2008年	2009年	2010年	2011年	2012年	最大变动幅度
上海张江	1	1	1	1	1	0
深圳	2	2	4	3	2	2
广州	4	4	2	2	3	2
成都	3	3	3	6	5	3
西安	6	5	5	5	6	1
武汉东湖	9	6	6	4	4	5
无锡	7	8	7	7	8	1
苏州	5	7	10	11	10	6
南京	8	9	8	10	11	3
杭州	10	10	11	8	9	3
天津滨海	12	11	9	9	7	5
大连	11	12	12	12	12	1
长春	13	14	16	13	13	3
长沙	15	17	15	15	14	3
沈阳	17	13	13	16	18	5
郑州	14	16	17	19	22	8
合肥	18	19	18	21	15	6
佛山	30	15	14	14	19	16
济南	23	18	20	17	17	6
珠海	16	27	22	20	16	11
淄博	22	25	19	18	20	7
常州	19	20	21	22	24	5
青岛	24	28	26	23	21	7
潍坊	29	24	25	24	25	5
中山	20	26	30	26	26	10
太原	28	23	23	28	31	8

续表

名称	2008年	2009年	2010年	2011年	2012年	最大变动幅度
厦门	25	31	28	25	28	6
石家庄	33	32	24	29	23	10
重庆	21	22	29	40	34	19
哈尔滨	35	21	33	27	33	14
吉林	26	29	27	31	36	10
宁波	27	30	32	35	37	10
包头	36	34	35	30	32	6
洛阳	37	36	31	38	30	8
威海	31	33	34	37	41	10
襄樊	40	40	38	32	29	11
南昌	32	35	36	39	40	8
鞍山	43	42	39	33	27	16
宝鸡	39	37	37	36	39	3
大庆	41	39	40	34	35	7
惠州	34	38	42	43	44	10
株洲	44	43	41	44	38	6
保定	45	44	43	42	42	3
绵阳	38	41	45	45	48	10
南宁	42	45	46	41	43	5
昆明	47	46	44	46	46	3
福州	46	47	47	47	47	1
贵阳	49	49	50	50	45	5
桂林	48	48	49	49	50	2
兰州	50	50	48	48	49	2
乌鲁木齐	52	51	51	51	52	1
海口	51	52	52	52	51	1
杨凌	53	53	53	53	53	0

可以看出，尽管几乎同时部署启动，而且优惠政策大体相近，但是国家高新区之间的发展状况仍然是分化明显。在所评价的时间周期内，上海张江高新区、深圳高新区、广州高新区、成都高新区、西安高新区一直稳居前六。同时，少数国家高新区的发展水平在评价时间周期内存在明显波动，其中重庆高新区、佛山高新区、鞍山高新区的最大排名变化超过了 15 位。

2008 年《企业所得税法》（统一了内外资企业的税收）颁布实施后，特殊的区域税收政策已经不再成为国家高新区的发展优势，之后，伴随国际爆发金融危机，地方也逐步收紧了区域优惠的刺激政策，转而实行产业优惠的刺激政策。基于这样的背景，国务院开始支持部分国家高新区探索建设国家自主创新示范区，支持开展新的政策探索和改革创新。从那时开始，在不涵盖中关村科技园区的情况下，上海张江高新区一直处在首位，深圳高新区基本保持了第 2 位，武汉东湖高新区则由第 9 位快速上升至第 4 位（截至 2012 年）。

（三）科技水平的导向性功能突出

在国家高新区发展主成分分析中，第二主成分（科技总体水平）较第一主成分（规模水平与经济外向度）的增长速度更快。

国家高新区的整体发展正由经济主导逐渐转向科技主导，科技创新的驱动作用成为国家高新区发展的主要支撑。一方面，实现了原有路径依赖的破除，充分发挥了科技创新的功能和作用；

另一方面，要加强对全球产业链分工、布局趋势的研判，把握新一轮产业技术革命机遇，找准国家高新区在其中的切入点、着力点，依靠科技创新和成果产业化，占据价值链上游，增强核心竞争力的可持续性。由于第一主成分与原始指标中的总收入具有最高的相关性，一定程度上说明国家高新区总体上还处于依靠资源要素或规模体量作为发展主要驱动力的阶段，科技创新在推动国家高新区发展方面的地位仍需提升。

（四）中关村科技园区的动态演进轨迹具有典型代表性

以全局主轴和所生成的全局主平面图为基础，能够绘制中关村科技园区的动态演进轨迹（图 6–4）。

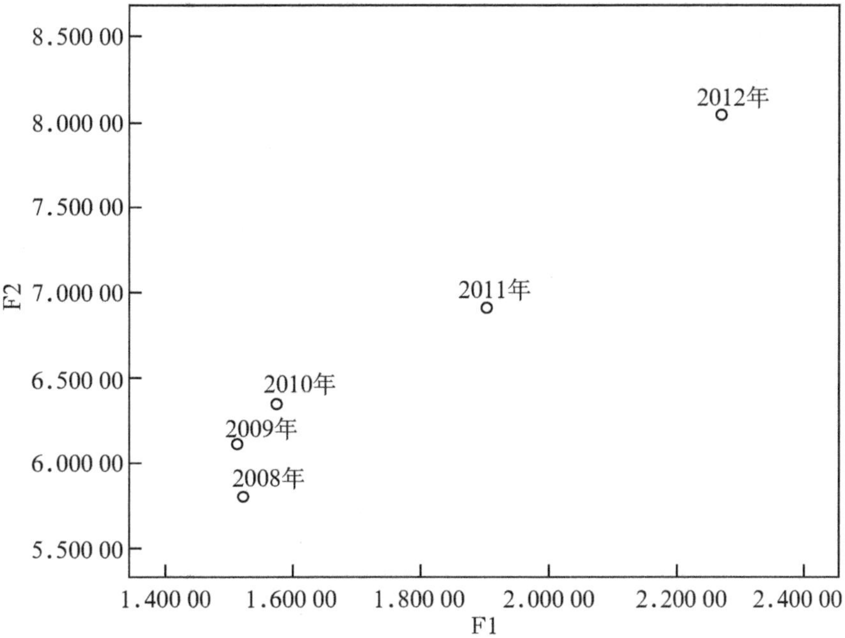

图 6–4　2008—2012 年中关村科技园区动态演进轨迹

作为第一个获批建立的国家高新区，依托北京市的经济、政治、科技优势，中关村科技园区在发展质量、效益和速度上明显优于其他的国家高新区。同时，其演进过程也呈现出规律性特征：2008—2009 年，中关村科技园区的规模水平与经济外向度呈现窄幅收缩，而科技总体水平持续提高；2009—2010 年，中关村科技园区的规模水平与经济外向度不断提升，同期科技总体水平仍然持续提高；2010—2012 年，两个主成分均呈现上升态势。从这 5 年的变化情况看，虽然国际金融危机带来了不利影响，但是中关村科技园区依靠科技总体水平的持续提升，既保持了经济发展的平稳和可持续，又为后续发展积累了基础性动力。

动态聚类模型与演化

国家高新区发展过程中既表现出明显的动态特征，也体现了类别特征。因此，国家高新区的动态和类别研究更受关注，比较常见的是定性分析或静态定量分析，但难以更加科学客观地反映国家高新区的发展过程和趋势。同时，由于新升级的国家高新区数量众多，一定程度上对国家高新区的整体发展水平形成了影响，而且在聚类分析时各类别的特征也相对突出，有必要进行综合考量。

一、聚类分析

聚类分析的目的在于使异类对象的异质性和同类对象的同质性最大化，1967 年 MacQueen 提出 K- 均值算法。Kaufinan 等提出 PAM（Partitioning Around Medoids）算法，即围绕中心点的划分算法。近邻传播聚类算法，即 AP 算法，由 Frey 等于 2007 年提出，这种算法的核心是通过数据点之间的消息传递产生高质量聚类中心。

综合运用动态主成分分析和聚类分析，克服原变量系统的多重相关性，提高运算速度与精度，针对多变量数据的信息进行进一步提取，同时运用聚类分析方法，基于时序立体数据表，开展动态分类。将新升国家高新区与先发国家高新区进行聚类并实证研究，探索国家高新区类别差异。

二、先发国家高新区的动态聚类分析

（一）动态主成分分析

根据前述指标筛选结果，这里仍由 8 个经济变量、53 个样本点和 2008—2012 年 5 年数据构成 $53\times8\times5$ 维时序立体数据表。基于时序立体数据表，开展主成分分析，由此计算出特征值及方差贡献率，总体上保存了原有特征。在此基础上，基于全局主平面图描绘国家高新区的总体发展水平轨迹。

从分析结果看，第一主成分表现出与原始变量总收入、出口创汇、产品销售收入、工业增加值相关性较高，体现了国家高新区的规模水平与经济外向度。第二主成分则与反映科技要素的变量相关性更强，一定程度上代表了国家高新区的科技总体水平。

在两个主成分的基础上，采用 K- 均值算法开展聚类分析，能够看出国家高新区表现为聚类特征。由结果可知，53 家国家高新区依据各自的发展水平可分为 6 类，而有些国家高新区基于年份变化聚类结果也产生相应的变化，在此仅列出 2008 年和 2012 年聚类结果的对照（表 6-8）。

表 6-8 2008 年和 2012 年国家高新区聚类结果对照

2008 年	2012 年					
	第Ⅰ类	第Ⅱ类	第Ⅲ类	第Ⅳ类	第Ⅴ类	第Ⅵ类
第Ⅰ类	上海张江					
第Ⅱ类		广州 / 成都 / 西安 / 无锡 / 苏州 / 深圳 / 杭州	南京			
第Ⅲ类		天津滨海 / 武汉东湖	沈阳 / 大连 / 济南 / 长春 / 长沙 / 常州 / 厦门 / 郑州 / 珠海 / 佛山			
第Ⅳ类				太原 / 青岛 / 潍坊 / 合肥 / 淄博	重庆 / 中山 / 吉林	
第Ⅴ类					石家庄 / 包头 / 哈尔滨 / 大庆 / 南昌 / 洛阳 / 宝鸡 / 宁波 / 惠州	威海
第Ⅵ类				襄樊	鞍山	保定 / 福州 / 贵阳 / 绵阳 / 昆明 / 桂林 / 海口 / 兰州 / 南宁 / 株洲 / 杨凌 / 乌鲁木齐

（二）类别特征

在聚类结果中，上海张江高新区比较明显，由于中关村科技园区未被纳入，因而在 2008 年开始的 5 年时间里，上海张江高新区始终处在第 I 类，在规模水平与经济外向度、科技总体水平两个维度上，一直处在 53 家国家高新区的第 1 位。从上海市的实际情况看，这个聚类结果相对客观地反映了上海张江高新区的特点。一方面，上海市对外开放程度较高，经济发展更加活跃，与国际发展的互动更为便利；另一方面，上海市在改革开放进程中机遇更好、力度更大，上海张江高新区的体制机制创新得更加灵活和扎实。

第 II 类的国家高新区中，5 年之间始终保持在这一类别的共有 7 家，分别是无锡高新区、苏州高新区、杭州高新区、广州高新区、深圳高新区、成都高新区、西安高新区，客观上也反映了这些国家高新区的发展实力和综合水平，特别是杭州、广州、成都和西安都是所在区域的中心城市与省会城市，同时，2009 年之后连续保持在第 II 类的包括天津滨海和武汉东湖两个国家高新区，其连同深圳高新区、苏州高新区、无锡高新区，均属国家自主创新示范区的核心范围，这也体现了第 II 类国家高新区在科技创新发展方面的独特优势。

后 4 类国家高新区相对比较平稳，每一类中的国家高新区相对固定，上述国家高新区的发展仍处于未成熟阶段，聚类分析的结果会产生类别间的移动，存在波动。从原始数据上看，同类别国家高新区的主要指标大体相当，所处区域及城市的发展状况相对接近，其自身的经济资源与科技要素禀赋差异较小。同时，个别国家高新区在不同类别间实现了调整，究其原因，上调类别的，主要是所在城市的政策激励或发展定位出现一定甚至是重大变化，对国家高新区的增量产生积极影响，而下调类别的，更多反映在管理体制或运行机制出现显著变化，从而对国家高新区的发展带来一定的冲击。

（三）经济外向度与技术创新

根据聚类结果，不难发现，虽然国家高新区总体上的发展情况较好，特别是与周边区域和其他开发区相比优势明显，但国家高新区之间的差别客观存在。53 家国家高新区基本上在 20 世纪 90 年代获批，从 2008—2012 年的情况看，不同类别的国家高新区在发展速度和质量上差别明显，即便处于同一类别，不同国家高新区发展状况也不相同，而且类别之间的差距存在扩大趋势。这 5 年间影响国家高新区的因素主要包括两个方面：一个是规模水平与经济外向度；另一个是科技总体水平。从演进过程看，科技总体水平一直滞后于规模水平与经济外向度，未能成为国家高新区的第一发展因素。

类别跨度和指标对比差异化。中关村科技园区具有压倒性优势，因而被作为干扰点排除在聚类范畴之外。即便如此，53 家国家高新区中，上海张江高新区在聚类分析中仍然是独自占据第Ⅰ类，而且5年之间竟然没有其他国家高新区能够接近其发展水平；在第Ⅱ类国家高新区中，尽管队伍相对稳定，但国家高新区之间特点差别依然明显，以2012年为例，苏州、无锡、广州、深圳等沿海地区的国家高新区在经济外向度上明显好于成都高新区、西安高新区，一定程度上反映了所在城市与区域对这类指标的影响，国家高新区的外向经济发展仍然受到区位特征的制约。

科技创新的驱动作用仍然有限。从发展路径看，部分国家高新区依赖规模水平与经济外向度实现发展，部分国家高新区主要将科技创新作为驱动力。例如，第Ⅱ类的深圳高新区和无锡高新区更侧重依靠外部资源（国外和国内其他地区）和所处的地缘优势，通过扩张经济规模实现发展实力的提升，从原始数据看，经济指标位居53家国家高新区前列；而武汉东湖高新区，主要依靠显著的高校和科研院所资源，以及以创新为主要目标的体制机制优势，发展高新技术产业，因而在科技总体水平上表现突出。以技术收入的数据为例（图6–5），总体上，科技创新资源集聚的地区，国家高新区技术收入的情况较好，如广州、成都、西安等地，由于源头创新的能力较强，进而形成了原始创新能力和技术外溢效应，带动其新技术、新成果的广泛产业化，尽管技术收入这一个指标无法综合体现国家高新区的科技总体水平，但可以定性说明科技创新要素的有效流动和科学配置对国家高新区的发展将产生功能性作用。

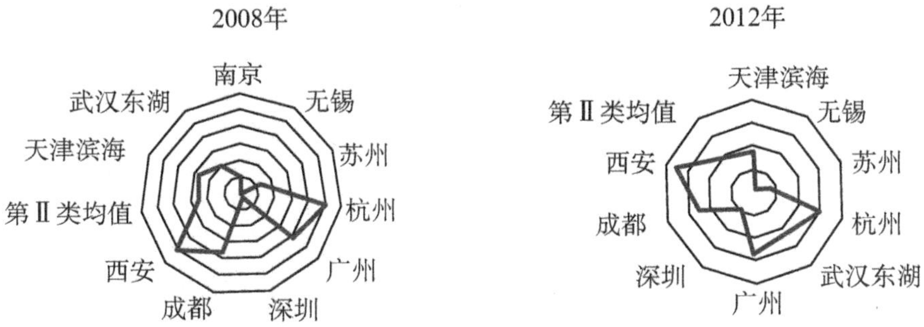

图 6-5 第Ⅱ类国家高新区 2008 年和 2012 年技术收入对比

三、新升国家高新区与先发国家高新区的共同聚类分析

（一）动态主成分分析

在新升国家高新区与先发国家高新区的聚类分析中，样本点增加到 87 家国家高新区，新增的 34 家国家高新区为 2009—2011 年获批升级的，包括唐山高新区、燕郊高新区、辽阳高新区、营口高新区、延吉高新区、齐齐哈尔高新区、上海紫竹高新区、泰州高新区、昆山高新区、江阴高新区、绍兴高新区、泉州高新区、芜湖高新区、蚌埠高新区、新余高新区、景德镇高新区、济宁高新区、烟台高新区、临沂高新区、宜昌高新区、益阳高新区、湘潭高新区、安阳高新区、南阳高新区、东莞高新区、肇庆高新区、江门高新区、自贡高新区、柳州高新区、渭南高新区、银川高新区、白银高新区、青海高新区、昌吉高新区。根据动态主成分分析方法，可以绘制出旋转后的相关成分（图 6-6）。

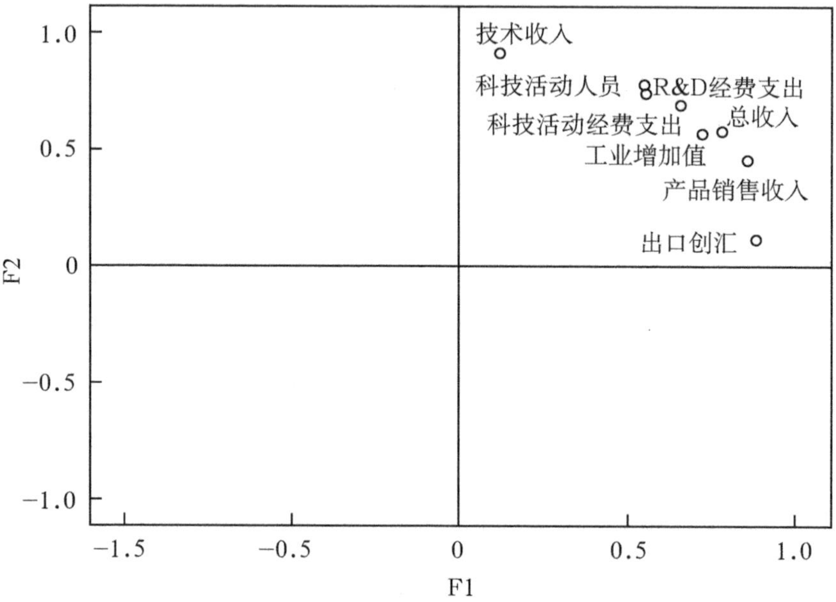

图 6–6 根据动态主成分分析方法绘制出的旋转后相关成分

第一主成分 F1 与原始变量总收入、工业增加值、产品销售收入和出口创汇有较高的相关性，它反映了国家高新区发展的规模水平与经济外向度；第二主成分 F2 与表示科技力量的技术收入、科技活动人员、科技活动经费支出、R&D 经费支出有较高的相关性，反映的是国家高新区发展的科技总体水平。

（二）聚类结果

可以得到第Ⅰ至第Ⅶ类聚类结果，具体如下：

第Ⅰ类：上海张江高新区；

第Ⅱ类：深圳高新区、武汉东湖高新区、广州高新区、西安高新区；

第Ⅲ类：天津滨海高新区、南京高新区、成都高新区、长春高新区、无锡高新区；

第Ⅳ类：长沙高新区、苏州高新区、佛山高新区；

第Ⅴ类：石家庄高新区、太原高新区、沈阳高新区、哈尔滨高新区、杭州高新区、合肥高新区、济南高新区、郑州高新区、大连高新区、厦门高新区、青岛高新区、包头高新区、鞍山高新区、吉林高新区、大庆高新区、常州高新区、淄博高新区、潍坊高新区、济宁高新区、珠海高新区、中山高新区、襄樊高新区、宜昌高新区；

第Ⅵ类：重庆高新区、福州高新区、南昌高新区、南宁高新区、贵阳高新区、昆明高新区、宁波高新区、保定高新区、辽阳高新区、昆山高新区、江阴高新区、泰州高新区、威海高新区、洛阳高新区、湘潭高新区、株洲高新区、惠州高新区、绵阳高新区、柳州高新区、宝鸡高新区、兰州高新区；

第Ⅶ类：上海紫竹高新区、海口高新区、青海高新区、乌鲁木齐高新区、燕郊高新区、唐山高新区、延吉高新区、齐齐哈尔高新区、绍兴高新区、芜湖高新区、蚌埠高新区、泉州高新区、烟台高新区、安阳高新区、南阳高新区、益阳高新区、东莞高新区、江门高新区、桂林高新区、自贡高新区、渭南高新区、杨凌高新区、昌吉高新区。

上述聚类中，营口高新区、肇庆高新区、新余高新区、景德镇高新区、临沂高新区、白银高新区、银川高新区因为数据不完整，没有进行聚类分析。第Ⅰ至第Ⅶ类反映为规模水平与经济外向度、科技总体水平依次递减，而从新升国家高新区总体看，经济实力与规模偏弱，科技创新能力不强，没有一家进入前 4 类，大部分在第Ⅵ类、第Ⅶ类。第Ⅴ类中也只有济宁高新区和宜昌高新区，而且通过分析原始数据，其发展路径的主要驱动因素仍然是经济规模。

（三）总体发展水平

为客观体现国家高新区在 5 年内发展的总体轨迹，根据成分得分情况，绘成图 6–7。2008—2011 年，国家高新区发展的总体轨迹呈现上升态势，规模水平与经济外向度、科技总体水平这两个主成分都表现为上升状态，实现了同步增长。但 2012 年，总体发展水平却急速回落，而且两个主成分同步回落，且科技总体水平竟然回落到接近 2009 年的状态。

为进一步分析 2012 年国家高新区总体情况变化的原因，基于这一特殊时点，将样本调整为两个部分，第一部分包括 2008 年以前批准建设的国家高新区（表示为 2012 年早期），第二部分包括 2009 年以后获批升级的国家高新区（表示为 2012 年新增），并据此绘制新的总体轨迹（图 6–8）。

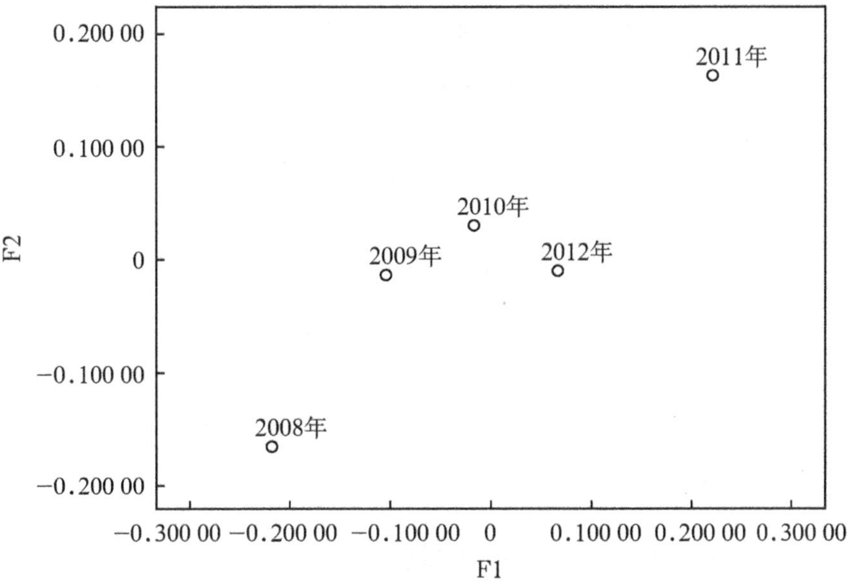

图 6-7　2008—2012 年国家高新区发展的总体轨迹

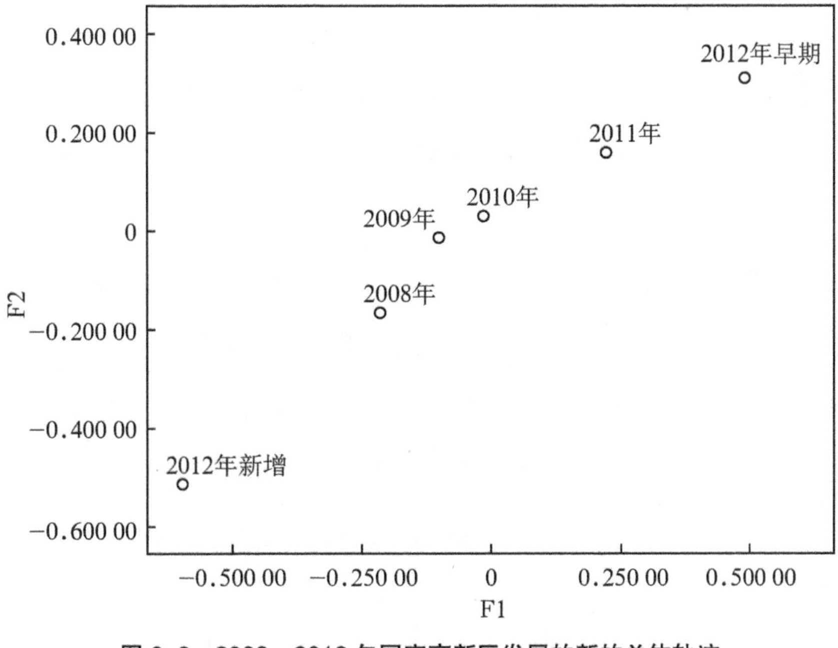

图 6-8　2008—2012 年国家高新区发展的新的总体轨迹

由此看出，之所以国家高新区在 2012 年时点上发展趋势和状态都出现了较大变化，主要原因是新升国家高新区在规模水平与经济外向度、科技总体水平两个主成分上都远远落后于先发国家高新区，甚至比 2008 年的水平还要低很多。因而，这严重影响了先发国家高新区正常的演进趋势，客观上也导致了其静态情况的大幅下滑，一定程度上反映了新升国家高新区面临的严峻挑战，同时也可以发现，先发国家高新区 2012 年的状态仍然延续了此前的良好势头。

四、新升国家高新区的困境分析

如前所述，新升国家高新区与先发国家高新区差距明显，但是从聚类的结果看，新升国家高新区内部也存在一定的差异。考虑到更加全面、客观地反映新升国家高新区对国家高新区整体情况的影响，特别是其自身不同指标、不同国家高新区的差异性，选择变异系数法开展研究。

变异系数法常见于多指标评价的研究，通过分析某个指标在所有评价样本中的变异程度，从而判断评价样本如果实现该指标的平均水平所面临的难易程度，由此区分评价样本在该指标对应要素上的相关能力。一般情况下，某个指标变异的程度越大，那么在指标体系中权重越大；相反，如果变异程度越小，那么对应的权重越小。

考虑到国家高新区的特殊，选择标准差系数来判断变异的程度。鉴于湘潭和泰州两个国家高新区是在 2009 年获批升级的，相较后续集中升级的国家高新区具有一定特殊性，因此研究样本确定为 2010 年、2011 年获批升级的国家高新区，则样本点为 32 个。按照国家高新区现行的统计指标体系选择指标，为进一步体现代表性和广泛性，选取了 14 个指标，样本时间点为 2011 年。

经过运算，求出各指标的平均值与差异度（表 6–9）。为了直观对比，同时求出每个指标的参照平均值，分别是 88 家国家高新区的平均值和 56 家国家高新区（2009 年之前获批）的平均值。

表 6–9　各指标的平均值与差异度

指标名称	差异度	平均值度	56 家平均值	88 家平均值
技术收入 / 千元	20.615%	129 654	16 505 184	10 550 446
出口创汇 / 千美元	10.111%	687 192	5 286 964	3 614 320
R&D 经费支出 / 千元	6.671%	485 966	3 774 130	2 578 434
中高级职称 / 人	6.631%	3177	22 668	15 581
上缴税费 / 千元	6.075%	1 974 717	11 044 284	7 746 260
净利润 / 千元	6.098%	2 090 409	13 955 781	9 641 100
科技活动经费支出 / 千元	6.337%	885 825	6 729 603	4 604 593
科技活动人员 / 人	5.846%	3859	28 937	19 818
大专以上 / 人	5.341%	12 787	90 547	62 270
工业总产值 / 千元	5.587%	43 423 183	163 900 370	120 090 483
总收入 / 千元	5.538%	44 807 271	212 655 006	151 619 466
从业人员数 / 人	5.263%	40 972	168 310	122 005
工业增加值 / 千元	5.572%	10 435 184	42 522 646	30 854 478
企业数 / 家	4.317%	141	938	648

由此可见，发展困境的主要表现有以下几点。

内生创新能力欠缺。分析指标的差异度，偏差值最大的是技术收入这一指标，比重约占 20%。虽然技术创新的问题不是完全由单一统计指标来体现，但是新升国家高新区所拥有的科研院所、高等院校很少，甚至是没有省级以上科研院所和本科高校，而且由于地缘劣势，在吸引原始创新成果转移转化方面能力不足，财政性支撑的公共科技服务供给与社会化的科技服务供给难以满足需求。进一步研究发现，企业的创新能力依然制约着新升国家高新区的发展，骨干企业不愿建立研发机构，即便建设研发机构，其定位也不是研究前瞻性技术，而是解决具体技术问题。同时，科技型中小企业成长的外部环境堪忧，创新活力和创业氛围比较弱，发展受多个方面因素制约，高新区内的科技企业孵化器总体数量偏少、质量偏低，高成长性企业难以形成高新区的新增长点。

价值链位势偏低。分析这一阶段新升国家高新区的主导产业，其未能体现出发展高新技术的优势，大部分新升国家高新区都以附加值较低、竞争异常激烈的传统产业为主，价值链的弱势地位及在产业分工上的劣势成为制约创新发展的“瓶颈”。新升国家高新区所处价值链的位势还可从一些指标中发现端倪。例如，在工业增加值率这一指标中，新升国家高新区甚至达不到所在区域的平均水平，虽然有产业差异的影响在里面（制造业在部分新升国家高新区的比重较低），但依然反映出普遍存在的问题。而对新升国家高新区来说，将价值链位势纳入首要考虑的因素是比较困难的，这是因为其中很多新升国家高新区在资源、环境、能源等方面问题突出，产业转型发展迫在眉睫，而 GDP 导向带来的压力很大，导致在招商引资、产业企业培育等方面不得不将经济、财政、税收等的考虑摆在首要位置。改变产业所处的价值链位势具有很大难度。尽管新升国家高新区发展意愿非常强烈，希望通过高新技术产业的培育和发展促进传统产业转型升级，但是，一来在从价值链低端向高端转变、集聚高新技术产业、推动产业走向高端的过程中面临与先发国家高新区的竞争，二来在国际金融危机的影响下，主要发达国家开始逐步转移实体产业的发展方向，劳动力成本更低的国家或者本国国内成为首选，新升国家高新区通过引进境外的高新技术产业来推动产业结构调整的道路更加艰难。外需、内需低迷不振，面对困境，各地竞争异常激烈，不断强化招商引资等手段，对新升国家高新区来说，先发国家高新区拥有创新要素全面集聚、政策环境日趋优化完善、产业配套水平和能力领先等优势，更具竞争力和吸引力。

要素稀缺及其聚集手段单一。1991 年、1992 年国家围绕各中心城市和发达省份布局了国家高新区，这些区域要素资源富集，国家高新区建设所需要的智力资源、生产要素一应俱全，与之相反的是，2010 年和 2011 年获批的 32 家国家高新区在整合各方资源、配置创新要素等方面差距较大。汇聚人才难度大，位于中西部，东部二、三线城市的区位劣势，导致对人才的吸引力本身就先天不足，科技活动人员、中高级职称比例、大专以上占比等指标均比全国平均水平低；对技术转移来说，净流出成为其主要特征，科技成果很难在区内转化，区外产业化条件更有优势，主要原因是配套水平和能力不足、外部环境有待完善；整合要素的能力有待提高，位于创新体系内的各主体联系不紧密，围绕全产业链整合和配置创新要素的能力不够，科技中介机构的服务能力和规模与要素合力流动不断增长的需求间矛盾日益突出。在体制机制方面，先发国家高新区的探索时间较长，尤其是 2001 年“二次创业”以来，在政策措施、运行体制、管理机制、环境建设等方面不断完善。新升国家高新区短板非常明显，管委会管理僵化，职责和权限不够明晰，政策的灵活度、经济权限的独立性有待提高，土地、规划等方面的政策执行不够；资本运作、技术交易、股权激励等政策措施落实周期长，支撑产业发展的政策举措有限，对供地、财税等传统手段依赖度高；人文社会氛围需要进一步营造，先发国家高新区具有较好的激励创新、宽容失败的环境氛围，新升国家高新区在提高软实力上仍需努力，特别是在配套设施、公共服务、人居环境等方面。

收入结构分析

利用分析成分数据的结果开展应用，涉及经济、社会、技术等众多领域。描述性统计分析中的饼图就是最典型的，应用饼图可描述事物包含的各成分占比情况。例如，国民生产总值中包含的第一、第二、第三产业可以分别统计，然后绘制成饼图，可以用来研究我国的三次产业结构，每一年中第一、第二、第三产业所占国民生产总值的比重都可以用饼图表示，而它们所占的份额相加之和应等于1。讨论的是随着时间的改变，收集的一系列成分数据中各成分的份额的变化规律。研究了国家高新区总收入的构成情况并进行预测，分别统计技术收入、产品销售收入、商品销售收入3类收入在总收入中的比重，并进行建模预测。

一、国家高新区成分数据的建模

国家高新区的评价指标体系中，具备成分数据特征的主要是总收入及技术收入、产品销售收入、商品销售收入（表6–10）。

表 6-10　2002—2013 年 53 家国家高新区的收入结构数据

年份	技术收入	产品销售收入	商品销售收入
2002	0.0505	0.8443	0.1052
2003	0.0546	0.8530	0.0924
2004	0.0596	0.8545	0.0859
2005	0.0620	0.8796	0.0584
2006	0.0686	0.8775	0.0539
2007	0.0736	0.8591	0.0673
2008	0.0798	0.8482	0.0720
2009	0.0790	0.8376	0.0834
2010	0.0801	0.8333	0.0866
2011	0.0823	0.8178	0.0999
2012	0.0889	0.7999	0.1112
2013	0.0985	0.7881	0.1133

由于 2006 年以来，部分省级高新区升级为国家高新区，鉴于研究数据的稳定性、连续性和可比较性，在技术收入趋势分析时，选择的研究范围是 1997 年以前已经批准的 53 家国家高新区，数据范围为 2002—2013 年。通过运用成分数据的分析方法，对技术收入、产品销售收入和商品销售收入三者的结构关系，建立收入结构的动态规律分析模型，并对 2014—2018 年 53 家国家高新区的技术收入占比进行预测。

从而得到 53 家国家高新区技术收入、产品销售收入和商品销售收入占比在 2014—2018 年的预测值（图 6-9）。自 2002 年以来，技术收入在总收入中的比重逐年增加，并且预测值显示技术收入的比重在未来 5 年仍将持续增长。

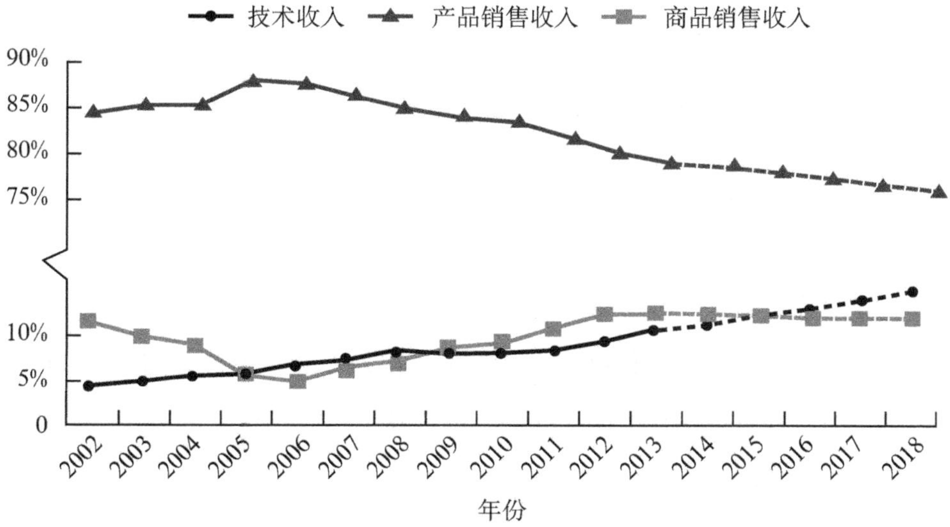

图 6-9　2002—2018 年 53 家国家高新区各类收入占比（虚线为预测值）

二、收入结构演进的基本特征

综合分析和预测结果，依据科技部公布的 2014 年、2015 年全国高新区年度统计数据，总体上与初步预测的趋势相同，个例上也有一些新的变化。

（一）技术收入占比和规模持续提高

2014 年，53 家国家高新区实现营业总收入 182.7 亿元，其中技术收入所占比重达到 9.78%，2015 年营业总收入达到 195.2 亿元，技术收入占比达到 11.49%，无论是技术收入的绝对值，还是占总收入的比重，都保持了良好的上升势头，与前述的预测结论基本吻合。而这一阶段中，2012 年 7 月，党中央、国务院召开了全国科技创新大会，明确了加快推进国家创新体系建设，国家高新区（包括同步依托新建的国家自主创新示范区）进一步成为创新体系的主要组成部分，特别是经历国际金融危机和欧债危机的多重考验，高新区逐渐认识到科技创新在稳增长中的关键作用，资源配置、机制创新、环境营造已逐步围绕科技展开。

党的十八大确立创新驱动发展战略之后，国家高新区的发展更是率先聚焦到依靠创新作为新一轮发展核心驱动力的方向上来，特别是十八届中央政治局第九次集体学习史无前例地安排在北京中关村国家自主创新示范区，高新区的发展理念和思路实现了变更性的转变（即“二次创业”的兴起）。从最近两年的数据看，53 家国家高新区的营业总收入增长率达到 6.81%，基本与 GDP 增速持平，但技术收入的增长率达到 25.43%，大幅领先于其他主要经济指标的增速。而且，在国务院支持北京、上海建设全国科技创新中心的背景下，中关村科技园区、上海张江高新区在技术收入规模较高的水平上，年均增长率分别达到 36.91% 和 72.43%。

（二）收入结构的差异性依然明显

虽然总体趋势上近两年的发展与预测结果相同，但在 53 家国家高新区的具体数据上，呈现出比较显著的差异性。从技术收入占比的绝对值看，以 2015 年为例，高于 53 家平均水平（11.49%）的只有 19 家，其中最高值达到 29.52%（杨凌高新区）；如果以平均水平的 1/10 为界，有 6 家国家高新区的技术收入占比竟低于 1%，且最低值（0.10%）出现在与杨凌毗邻的宝鸡高新区。虽然 53 家国家高新区基本上诞生于 20 世纪 90 年代初（中关村科技园区最早，在 1988 年获批试点，杨凌高新区最晚，1997 年经国务院批准为国家农业高新区），享受的优惠政策在国家层面上相同，在地方层面上略有差别，但是发展路径和驱动要素不尽相同。仅以关中地区为例，西安高新区技术收入 8122 万元，占总收入的 9.07%，低于平均水平 2.42 个百分点，而杨凌高新区技术收入 524 万元，尽管绝对值偏低，但考虑到杨凌高新区人口仅有 15 万人，而且除西北农林科技大学外几乎没有科教资源，其发展完全依赖于科技创新，宝鸡高新区只有 153 万元的技术收入，不及杨凌高新区的 1/3，从发展过程来看，宝鸡高新区还因“三线”建设而集中了一大批制造业企业，在石油机械、机床、新材料等领域具有一定的先发优势，因而对传统产业的关注度更高，发展主要依赖要素驱动。而杨凌高新区获批之后，由于定位在农业高新技术产业示范区，建立了 20 多个国务院部门组成的部际协调小组，发展方式上也必然选择创新作为主要驱动力，虽然与发达地区的国家高新区相比实力不强，但创新能力和发展质量处于前列。与此相似，虽然西安高新区没有达到平均水平，但其 2015 年的技术收入比上年度增长 19.36%，高于同期总收入增速 3.84 个百分点，重要原因之一就是西安自 2014 年起开始申报国家自主创新示范区（2015 年获批），很大程度上调整了发展思路和资源配置模式，形成了以科技创新为主要驱动要素的新路径。

（三）技术收入占比变化印证高新区发展态势

从 53 家国家高新区平均水平看，技术收入占比呈现上升势头，一定程度上解释了先发国家高新区对全国高新区发展的强劲拉动和引领作用。但同时，53 家国家高新区内部的微观变化也存在差异。以 2014—2015 年的技术收入占比变化来看，34 家为正向变化，19 家为负向变化。其中，占比变化高于平均水平的 17 家国家高新区中，12 家为国家自主创新示范区的依托建设园区，而这与国务院将示范区建设纳入政府工作报告的时间点高度一致，反映出示范区建设过程中更加突出强调创新驱动的重要作用。

从占比变化看，位于苏南国家自主创新示范区的常州高新区正增加 17.96 个百分点，而地处珠三角地区广州、深圳两极之中的中山高新区却负增长 7.66 个百分点，其技术收入占比只有 0.22%，2015 年技术收入 37.8 万元，仅是常州高新区的 0.90%。对比两家国家高新区的发展态势不难发现，虽然两地同为地级市，而且常州也受到上海和南京的挤压效应影响，但发展实践中，常州坚持科技创新为依托，主动提出“中国制造”向“中国智造”转型，充分利用上海和南京创新资源高度集中的优势，注重与无锡、苏州的错位发展，始终以智能制造、高端装备为重点，着力产业转型和升级换代，较好解决了路径转换。而中山高新区受困于区域经济和产业相近，既在广州、深圳等高新区“腾笼换鸟”过程中受到影响，又面临“刘易斯拐点”产生的劳动力急速下降问题，同时，新兴产业、高新技术产业尚未形成规模，而遑论技术外溢和成果转化。

再扩大范围看，山东半岛国家自主创新示范区范围内，5 家国家高新区均保持技术收入占比正增长，3 家高于平均水平，绝对值最高的是潍坊高新区（14.73%），这也印证了“十二五”以来山东省大力发展山东半岛高新技术产业的重要成果，特别是潍坊高新区在总体规模不大的情况下，以动力系统、声学为代表的一批新技术、新产业不断涌现，既展示了良好的创新活力和潜能，又实现了经济发展迈向创新驱动的轨道。

投入产出效率评价

数据网络分析（DEA）是一种新的效率评价方法，它是在相对效率概念的基础上发展而来的，主要针对多输入、多输出情况下，同类评价分析决策单元（Decision Making Unit，DMU）的资源配置相对效率。DEA 在简化算法、减少误差、避免主观因素等方面具有优势，由于不需要预先估计参数，在多输入、多输出的生产函数理论研究中使用 DEA 理论效果非常显著。

国家高新区发展过程中，无论是要素驱动、效率驱动，还是创新驱动，更多情况下都是采用定性描述的方式，很难从客观的统计指标中寻找其中的内在规律。特别是单一输入指标，如 R&D 投入，究竟是否对经济指标产生影响，没有严格的定量分析。基于反映科技创新要素对经济产出客观联系的需求，运用 DEA 的有效方法，选取多指标输入和多指标输出，能够更加全面有效地分析高新区资源配置的效率和真实情况。

一、DEA

1957 年 Farrell 提出了包络思想，1978 年美国运筹学家 A. Charnes

等明确提出了 DEA 理论。国内研究自 20 世纪 80 年代兴起，推动了 DEA 方法的研究与应用，包括关于成本收益利润的问题、技术和生产力进步、技术创新、金融投资、非生产领域、灵敏度分析与随机 DEA、资源配置等。

DEA 分析的优势和劣势。首先，DEA 分析不需要确定输入和输出之间的关系，这个性质在函数关系不确定的情境下是非常有用的；其次，使用 DEA 分析方法去评价各单元的相对效率时，仅需要输入和输出的物理量信息；最后，可用于分析单元相对无效的原因，通过调节投入或产出使单元由相对无效转变为相对有效，对相对无效的单元提出改进建议。但是，DEA 分析的结果对输入和输出变量的选择敏感，并且随着输入和输出变量个数的增加，位于前沿面上的相对有效的单元总数会增加。DEA 是评价多个决策单元之间相对效率的一种绩效评价方法，然而，为了确定每一个决策单元的有效性，需要构造具有经济意义的度量方法，以此辨别生产单元，同时需要构造有效前沿面。

技术效率主要反映 DMU 在投入一定的条件下，能够实现最大产出的潜力，其定义是决策单元投入一定的情况下，实际产出占理想产出的比重。技术效率值往往在 0 和 1 之间。如果技术效率值小于 1，表明决策单元的实际产出与理想产出未能完全符合，没有真正位于生产前沿面上；如果技术效率值等于 1，表明决策单元在现有投入情况下，产出水平达到最大化，即技术有效。规模效率的定义是建立在 BCC 和 CCR 两个经典 DEA 模型基础上的，前者被称为全局技术效率，后者被称为纯技术效率，全局技术效率与纯技术效率的比值定义为规模效率。如果其值小于1，表明决策单元规模无效；如果等于1，表明规模有效。

二、国家高新区的投入产出效率评价指标选择

106家国家高新区是DMU，输入变量为7个反映高新区创新能力的指标，输出变量为7个反映高新区经济水平的指标（表6–11）。

表6–11　指标选择

经济指标	创新指标
营业总收入	R&D经费内部支出
高新技术产业总收入	技术合同成交总额
出口总额	开展产学研合作研发费用支出
技术服务出口额	委托外单位开展科技活动的经费支出
净利润	R&D人员全时当量
年末净资产	高技术服务业从业人员
劳动者报酬	留学归国人员

应用DEA模型，分析2013年106家国家高新区创新对经济的驱动效果。利用R软件的Benchmarking软件包，选择CRS模型，对我国106家国家高新区2013年的数据进行测算，得到各高新区的全局技术效率。在规模可变的情况下，对于非DEA有效的高新区可以分别考查其规模有效性和技术有效性。进而选择Benchmarking软件包中的VRS模型，在规模可变情况下得出技术

效率值，在此基础上得出规模效率，即全局技术效率与纯技术效率的比值。通过分析，获得了106家国家高新区创新对经济驱动的全局技术效率、纯技术效率和规模效率（表6-12）。

表6-12　106家国家高新区全局技术效率、纯技术效率和规模效率

国家高新区	全局技术效率	纯技术效率	规模效率
中关村	0.58	1.00	0.58
天津滨海	0.17	1.00	0.17
石家庄	0.36	0.71	0.51
保定	0.23	0.58	0.39
唐山	0.42	0.44	0.96
燕郊	0.22	0.32	0.69
承德	1.00	1.00	1.00
太原	0.43	1.00	0.43
包头	0.40	1.00	0.40
沈阳	0.46	1.00	0.46
大连	0.59	1.00	0.59
鞍山	0.17	1.00	0.17
营口	1.00	1.00	1.00
辽阳	1.00	1.00	1.00
本溪	1.00	1.00	1.00
长春	0.51	1.00	0.51
吉林	1.00	1.00	1.00
延吉	1.00	1.00	1.00
长春净月	1.00	1.00	1.00
哈尔滨	0.30	1.00	0.30
大庆	1.00	1.00	1.00
齐齐哈尔	0.42	0.83	0.50

续表

国家高新区	全局技术效率	纯技术效率	规模效率
上海张江	1.00	1.00	1.00
上海紫竹	0.54	0.72	0.75
南京	0.65	1.00	0.65
常州	0.45	1.00	0.45
无锡	0.70	1.00	0.70
苏州	0.53	1.00	0.53
泰州	1.00	1.00	1.00
昆山	1.00	1.00	1.00
江阴	1.00	1.00	1.00
武进	0.55	0.96	0.58
徐州	0.32	1.00	0.32
杭州	0.39	0.83	0.47
宁波	0.41	0.89	0.46
绍兴	0.52	0.55	0.94
温州	1.00	1.00	1.00
合肥	0.18	0.50	0.37
蚌埠	0.18	0.26	0.70
芜湖	0.15	0.17	0.88
马鞍山	0.59	1.00	0.59
福州	0.58	0.67	0.86
厦门	0.51	0.83	0.62
泉州	1.00	1.00	1.00
莆田	0.51	0.71	0.72
南昌	0.63	1.00	0.63
景德镇	0.56	1.00	0.56
新余	1.00	1.00	1.00
鹰潭	1.00	1.00	1.00

续表

国家高新区	全局技术效率	纯技术效率	规模效率
济南	0.34	1.00	0.34
青岛	0.20	0.86	0.23
淄博	1.00	1.00	1.00
潍坊	0.76	1.00	0.76
威海	0.22	0.90	0.24
济宁	0.30	1.00	0.30
烟台	0.44	0.60	0.73
临沂	0.87	1.00	0.87
泰安	0.86	1.00	0.86
郑州	0.37	1.00	0.37
洛阳	0.64	1.00	0.64
南阳	0.26	0.27	0.97
安阳	0.71	1.00	0.71
新乡	0.52	1.00	0.52
武汉东湖	0.30	1.00	0.30
襄阳	0.11	1.00	0.11
宜昌	0.75	1.00	0.75
孝感	0.39	0.46	0.85
长沙	0.49	1.00	0.49
株洲	1.00	1.00	1.00
湘潭	0.27	0.48	0.56
益阳	1.00	1.00	1.00
衡阳	0.70	1.00	0.70
广州	0.39	1.00	0.39
深圳	0.69	1.00	0.69
珠海	0.36	0.86	0.42
惠州	1.00	1.00	1.00

续表

国家高新区	全局技术效率	纯技术效率	规模效率
中山	1.00	1.00	1.00
佛山	1.00	1.00	1.00
肇庆	1.00	1.00	1.00
江门	1.00	1.00	1.00
东莞	0.48	0.52	0.93
南宁	0.42	0.72	0.58
桂林	0.35	0.63	0.55
柳州	0.15	0.54	0.27
海口	0.21	0.62	0.34
重庆	0.35	0.66	0.53
成都	1.00	1.00	1.00
绵阳	1.00	1.00	1.00
自贡	0.34	1.00	0.34
乐山	1.00	1.00	1.00
贵阳	0.38	1.00	0.38
昆明	0.31	0.88	0.35
玉溪	1.00	1.00	1.00
西安	0.27	1.00	0.27
宝鸡	1.00	1.00	1.00
杨凌	0.78	0.86	0.90
渭南	1.00	1.00	1.00
咸阳	1.00	1.00	1.00
榆林	1.00	1.00	1.00
兰州	1.00	1.00	1.00
白银	0.20	0.41	0.49
青海	1.00	1.00	1.00
银川	1.00	1.00	1.00

续表

国家高新区	全局技术效率	纯技术效率	规模效率
乌鲁木齐	1.00	1.00	1.00
昌吉	1.00	1.00	1.00
苏州工业园区	0.98	1.00	0.98

三、投入产出效率的主要特征

总体来看，106 家国家高新区的全局有效、技术有效、规模有效的比例（图 6–10）和全局技术效率、纯技术效率及规模效率的分布情况（图 6–11）不尽相同。69% 的国家高新区达到了技术有效，反映了国家高新区管理和技术等指标大体上达到相对理想的状态；全局有效的比例仍然不高，只有 35%，说明大部分国家高新区的投入产出效率还有待进一步优化。全局有效指标主要受到规模效率的影响，说明大部分国家高新区的规模对生产效率的影响较强，有待进一步优化国家高新区规模。

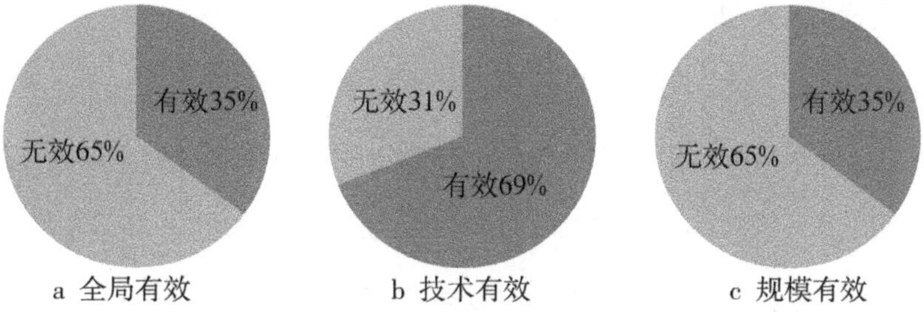

图 6–10　全局有效、技术有效、规模有效的比例

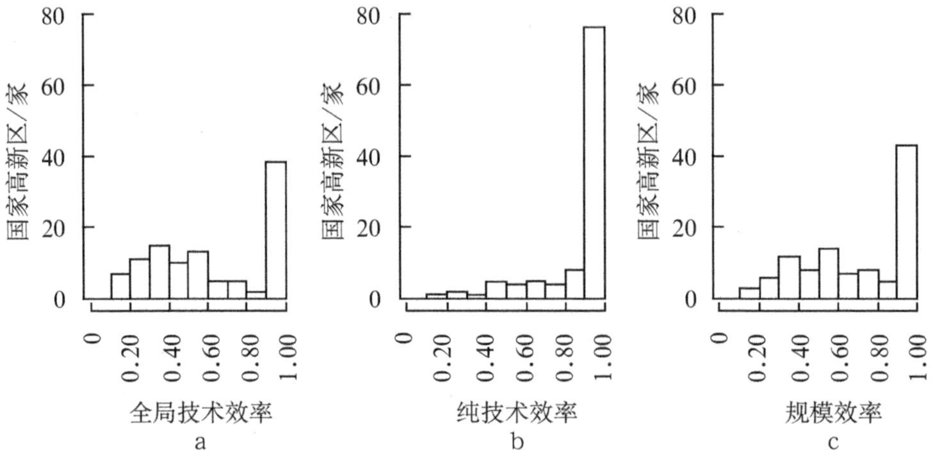

图 6-11 全局技术效率、纯技术效率及规模效率的分布情况

（一）全局技术效率体现国家高新区综合水平

37 家国家高新区相对有效，其他国家高新区均为相对无效；在相对无效的 69 家国家高新区中，有效性在（0.80，0.99] 的仅有 3 家国家高新区，有效性在（0.60，0.79] 的有 10 家国家高新区，有效性在（0.40，0.59] 的有 23 家国家高新区，而有效性不超过 0.40 的国家高新区共有 33 家。

在相对有效的国家高新区中，大致体现 3 个特点：一是创新资源和经济优势相对明显，主要是上海张江高新区和成都高新区，基本说明了两家国家高新区充分运用和发挥了所在区域的资源禀赋，科技创新要素转化为经济增长动力的渠道更加畅通，投入产出效率优势更加突出。二是地处经济发达省份，但区域科技发展水平相对较低，包括泰州、昆山、江阴、温州、惠州、中山、佛山、肇庆、江门等高新区，这些国家高新区基本集中在江苏、浙江、广东等省，外部经济大环境较为优越，但区域的创新要素相对稀缺。例如，昆山、江阴都居经济百强县的前5位，可受制于县级区域资源的有限，其科技创新的源头供给更多来自外部，而究其根本，就是更加灵活的投入吸引机制和转化激励机制。三是经济和科技发展水平相对偏弱，包括营口、承德、本溪、辽阳、延吉、吉林、长春净月、泉州、大庆、鹰潭、新余、株洲、淄博、绵阳、乐山、益阳、宝鸡、玉溪、渭南、咸阳、榆林、兰州、青海、银川、乌鲁木齐、昌吉等高新区，它们绝大部分地处二、三线城市，无论经济还是科技都处于相对劣势的位置，但是在所属的区域内，往往是集聚了全市科技创新要素的半壁江山，经济产出占比相对较高，因而形成了全局有效的结果。

在相对无效的国家高新区中，比较突出的问题也有3类：一是空间位置上相对集中，如京津冀的6家国家高新区（中关村、天津滨海、石家庄、保定、唐山、燕郊），江苏的南京、常州、无锡、苏州等高新区，安徽的合肥、芜湖、蚌埠、马鞍山等高新区，而这又恰巧是国务院重点推进的战略区域和连片的国家自主创新示范区，从体制机制创新和政策先行先试的力度上，都是前所未有的，但从全局技术效率上仍然说明投入与产出的比例未能达到预期。二是路径依赖的功能性影响更加突出，以苏州高新区和苏州工业园区为例，前者基本采取现有国家高新区发展的驱动路径，从要素吸引、招商引资、产业转型等过程渐次演进，其全局技术效率为 0.53；而同在苏州市的苏州工业园区，虽然起步相对较晚，但由于采取了新加坡的管理理念和推进路径，其发展质量和内涵增长方式更受认同，从全局技术效率的 0.98 看，基本印证了这个方面的差异。三是持续创新动力的外溢效应更加明显，成都、重庆、西安、武汉东湖等高新区的全局技术效率分别是 1.00、0.35、0.27、0.30，客观上看，4 个城市的创新资源和经济实力大体相当，而且武汉东湖高新区是 4 家中最早获批建设国家自主创新示范区的，但是从实施“大众创业、万众创新”活动的成效看，成都高新区的创业氛围更加浓郁，新企业、新模式、新业态不断涌现，对提升经济产出和质量的贡献更加突出。

（二）规模有效性与创新活力相关性强

规模有效的比例也是 35%，但规模效率的平均值为 0.71。规模有效的国家高新区，基本上体现了其全局有效的特点，说明了在创新驱动经济发展的决策单元下，其投入产出是有效的。一方面，把有限的科技创新投入较好地转化为经济产出。以辽宁省的国家高新区为例，规模有效的包括了营口、辽阳、本溪等高新区，其产业基础和人才、高校、科研院所等科技要素都相对薄弱，城市建设、发展环境和地方财力都无法与沈阳高新区、大连高新区相比。但也正因为如此，营口高新区围绕港口经济、辽阳高新区围绕新材料都开展了新产业的培育，特别是本溪高新区跳出原有钢铁产业的范畴，积极探索生物医药产业的发展新路，从而实现了资源的最大化利用。另一方面，聚焦差异化的发展路径。以长春高新区和长春净月高新区为例，两者的规模效率分别是 0.51 和 1.00，前者是 20 世纪 90 年代批建的国家高新区，拥有一汽、长客等大型企业，而长春净月高新区则起步于风景名胜区，也正因为如此，其发展路径不能采取大规模开发工业用地的模式，只能寻求现代服务业等高附加值新型产业发展途径，同时对创新要素的吸纳过程更加注重产出导向，强调转化效率的最大化。

规模效率低于 0.4 的国家高新区仍然不少（图 6–12）。根据前述分析结果，不难看出，这些国家高新区的分布并无特别的空间或者时间特征，既包括广州、西安、青岛等经济和科技较为发达城市的国家高新区，也涵盖自贡、襄阳等相对欠发达地区的国家高新区，但是从发展进程看，也呈现了一定的规律性特征。一方面，改革创新的响应速度和推进力度不足。天津滨海、武汉东湖等高新区的发展成效十分明显，但规模效率偏低，如果对比来看，上海张江高新区虽然是在武汉东湖高新区之后获批建设国家自主创新示范区的，可是其在申请报批过程中即已明确了看齐北京中关村的定位，抢先开始建设具有国际影响力的科技创新中心，一定时期内竟然超过了北京中关村的定位（建设全国科技创新中心），因此上海张江高新区的发展起点更高，能够更好地发挥其高校院所多、人才吸引力强、金融资本活跃的优势。另一方面，路径依赖的选择调整较慢。对区位、产业、科技资源都没有比较优势的国家高新区（如威海、柳州等高新区）来说，因为财政收入等考核指标的约束，无法彻底摆脱原有的传统产业，在推动转型升级的过程中行动迟缓，同时被区域位置所限，在集聚人才、资本等要素时，展现了明显的洼地效应，而在这些不利因素的叠加作用下，路径调整的难度不断加大，现行模式更易形成惯性。

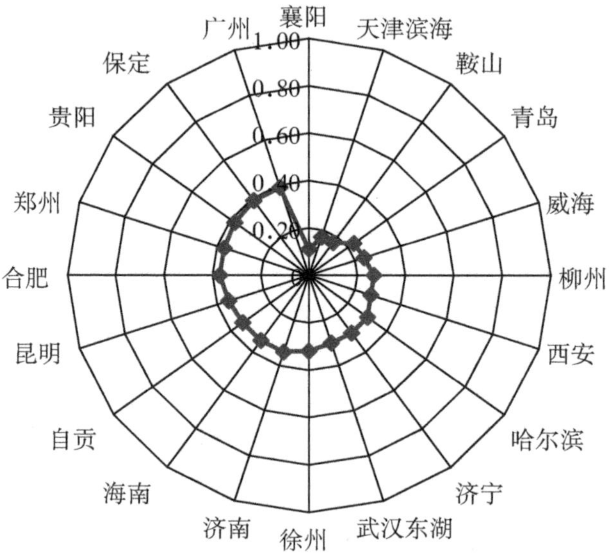

图 6–12　规模效率低于 0.4 的国家高新区

（三）技术有效蕴含创新发展的内在动力

在 106 家国家高新区中，有 74 家国家高新区达到了技术有效，达到技术有效的国家高新区数量占国家高新区总数的 69.8%。在非 DEA 有效的 69 家国家高新区中，有 37 家国家高新区属于技术有效而规模无效，说明这 37 家国家高新区按照这一经济产出计算，其对创新的投入不可减少，即在这一创新投入下，经济产出达到了最优水平。当纯技术效率为1.00时，技术有效，其偏离1.00的程度越大，表示在一定的投入水平下，其实际产出与潜在产出的差异越大。

部分国家高新区的纯技术效率严重偏离基准线，客观上说明了其科技投入无法有效转化为经济产出，或者说实际的经济产出与理论值相差较大，存在比较严重的投入浪费。从中不难发现，燕郊、芜湖、南阳等高新区虽然所处的区域情况不同，但是其纯技术效率均很低。分析来看，燕郊原本的功能仅体现在对北京常住人口的疏解，没有实现有效承接首都产业和创新资源外迁，加之行政区划级别较低，在土地、财税、人才等方面政策自主权十分有限，其高新区发展的约束相对较多；芜湖地处合芜蚌国家自主创新示范区和皖江城市带的交汇，以奇瑞汽车为代表的产业优势比较明显，但是其发展受到了南京和合肥的虹吸效应影响，加上高校院所等创新载体较少，管理体制又与所在行政区并行，投入产出效率的状态很难达到预期标准（图6–13）。

国家高新区全局技术效率分别与规模效率和纯技术效率做散点示意（图6–14）。在全局技术效率与规模效率的散点示意上，各国家高新区基本分布在45度线以下，即全局技术效率小于或等于规模效率；在全局技术效率与纯技术效率的散点示意上，各国家高新区也基本分布在45度线以下，即全局技术效率小于或等于纯技术效率。但是规模效率与全局技术效率在45度线上的拟合优度要好于纯技术效率。所以，国家高新区的规模问题及技术效率问题共同导致了全局技术效率偏低的结果，但更为明显的是国家高新区的规模问题，即国家高新区的发展速度。

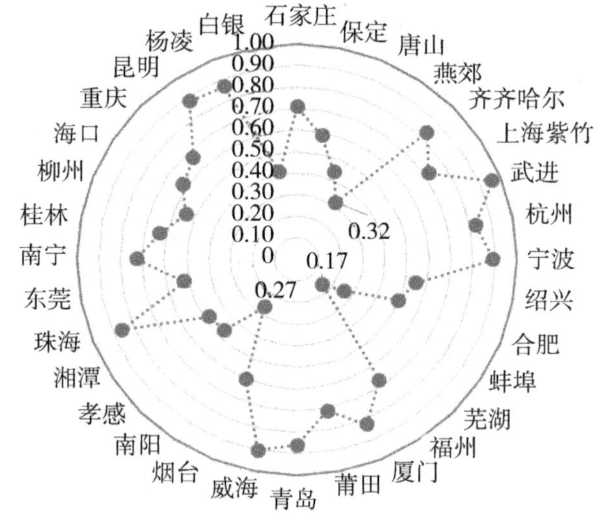

图 6-13 技术无效的国家高新区

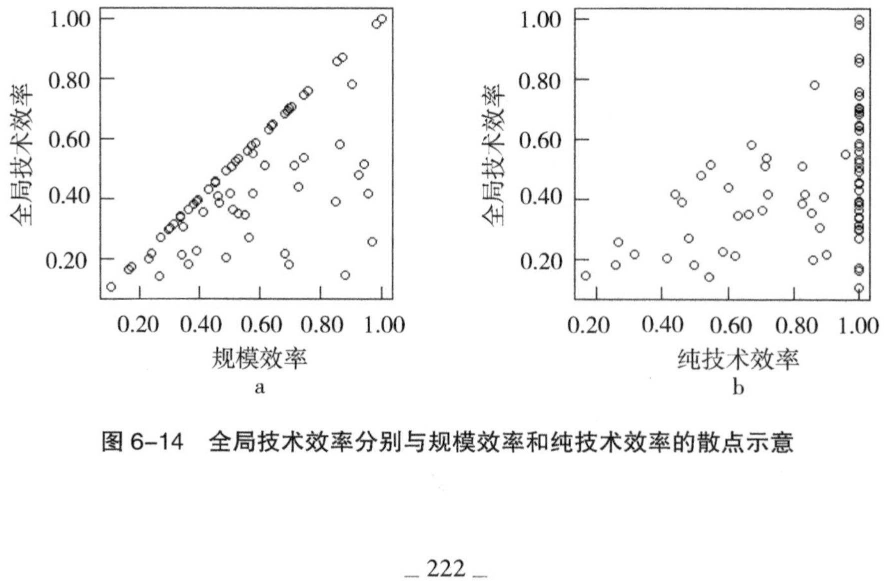

图 6-14 全局技术效率分别与规模效率和纯技术效率的散点示意

第七章　2012年的思考

初创的10年，实质上是解决高新区求生存、发展起步的问题，发展动力主要依靠优惠政策和土地投入；区划面积较小，发展模式主要靠招商引资等外延式扩张；产业规模较小，初步呈现集聚态势；建立起具有高新区特色的管理模式；成果转化、企业孵化主要依靠优惠政策。提出“二次创业”之后的10年，高新区经历了变革性的发展，发展模式从外延式转向主要以科技创新为驱动力的内涵式，建设和发展理念从注重外部环境转变为注重科技创新要素配置和服务供给，产业形态从小而分散向加强集成、发展特色产业和主导产业转变，产品市场从固守国内市场向大力开拓国际市场转变。

2011年11月，因工作原因不再从事高新区及相关业务了，转岗之后，有了些时间整理和回想其中的体会，围绕3个角度，写了3篇小作文。

科技创新与后危机时期

2008年下半年以来的国际金融危机，对世界经济发展造成了严重影响和冲击。在应对危机的过程中，世界主要国家采取多种措施。一方面，刺激经济增长，力促经济尽快反弹；另一方面，着眼于后危机时期的新一轮竞争，提前部署，抢占先机，科技创新在这一过程中发挥了重要作用。通过理论和实践分析，形成了科技创新与后危机时期的一些初步判断和思考。

一、技术变革与经济发展的长周期演进

在研究此次国际金融危机的应对措施时，国内外的很多机构和专家学者不约而同地提到了技术变革与经济危机的周期性关系，分析了近100年来几次重大的经济危机和技术变革之间的必然联系，形成了一些重大判断。例如，每一次经济危机会促使科技的新突破，科技的突破孕育着新的产业方向和新的经济增长点，从而催生新一轮的经济繁荣；技术创新是走出经济危机的根本动力。

但是，我们也看到，部分国家的应对措施只顾及短期目标，

虽然其经济出现了复苏迹象，但很快又再次下滑，其经济的内在矛盾并没有得到有效解决。这意味着，不能仅着眼于危机的短期应对，必须有更加长远的战略部署，从根本上解决经济运行中的深层次问题，特别是要把握经济发展中的周期性规律。

从经济发展周期看，18 世纪 80 年代以来，世界范围内的资本主义经济发展轨迹呈现非均衡波动状态，经济学上也因此形成了长周期理论。这一理论把资本主义经济增长过程中的具有明显规则性波动的周期称为康德拉季耶夫周期，或者叫长波，每个长周期的时间为 50 ~ 60 年。

（一）长周期的主要特征

20 世纪 20 年代，苏联经济学家康德拉季耶夫对长周期现象进行了系统研究，通过对英国、法国的统计资料进行处理和分析，提出：资本主义各国普遍存在跨度为 50 ~ 60 年的周期性经济波动。他归纳出长周期变动过程中的 5 个特征，其中之一就是在长周期下降阶段经常出现许多重要发明，并在下一个长周期的上升阶段得到大规模应用。在康德拉季耶夫之后，熊彼特、“新熊彼特学派”、弗里曼、佩雷斯等又对长周期理论进行了深化和扩展。

目前，学术界认为，自 18 世纪后期发生工业革命以来，世界经济大体上经历了 5 次长周期，每次长周期一般表现出的主要特征：一是每次长周期都会出现一种或几种廉价且能够普遍获得的核心投入要素，由此引发一系列潜在的新要素组合；二是以核心投入要素为基础的新产品能够刺激新产业的建立，由此推动经济高速增长；三是每次长周期的下降阶段会产生新的发明和技术突破，但其大规模应用只有在下次长周期的上升阶段才能实现；四是长周期的下降阶段是一个非常动荡的时期，传统产业增长缓慢，新兴产业快速成长。

（二）长周期中的技术变革与经济演变

1. 第一次长周期

第一次长周期始于英国工业革命，时间为 1782—1845 年。在上升阶段（1782—1801 年），英国的工业产出、投资和贸易迅速增长。其中，棉纺织业、冶铁业、建筑业成为主导产业，其占全部工业增加值的比重从 1/5 增加到 1/2。

上述 3 个产业的快速发展，得益于一批技术的发明和规模化应用，珍妮纺纱机和水力纺纱机的应用推动了棉纺业的迅猛发展，骡机的发明实现了该产业的高速增长；用煤把生铁炼成熟铁的“搅炼”技术和用焦炭代替木炭冶铁这两项技术的发明，解决了冶铁业原来受制于木材的难题，使铁的供应量大幅上升，价格下降；廉价铁的大量供应，促进了金属部件代替木制品，迅速降低了开凿运河的成本，促进了以运河业为代表的建筑业发展。

2. 第二次长周期

第二次长周期时间为 1845—1892 年，其一个明显特征是蒸汽动力的广泛应用。在第一次长周期的上升阶段，包括瓦特蒸汽机在内的蒸汽机扩散相对缓慢，但是在其下降阶段，一批重大技术进步降低了蒸汽机成本，改进了性能，特别是机床工业创新推动了安全高效的高压蒸汽机的制造。由此，在第二次长周期的上升阶段，蒸汽机车制造等铁路装备制造产业迅速发展，加快了铁路建设，由此带动了冶铁业的进一步发展。同时，蒸汽火车的大规模应用，促进了铁路货运和客运业的发展，提高了煤、铁的运输速度。

3. 第三次长周期

第三次长周期时间为 1892—1948 年，其核心要素投入是钢。早在工业革命之前，人们已经可以生产出少量钢，但由于成本高、质量难控，铁的应用更加广泛。但是，在第二次长周期中，随着贝西默工艺、西门子工艺、吉克利斯－托马斯工艺等基本工艺创新的成功实现，钢铁业发生了巨大变化，钢的品质大幅提高，价格迅速下降，产量大幅上升。在第三次长周期的上升阶段，铁路网、造船业大量使用钢替代铁，电力业也开始大量使用钢材。

与炼钢工艺同步革新的还有电力技术，随着电枢、交流发电机、转子等技术和装备的发明和突破，发电机技术逐渐开始大规模应用于发电和输送电，有力推动了电力产业的快速发展。1920 年，美国工业动力的一半来自电力，1930 年则超过了 75%。电力产业成为因上一次长周期技术变革的规模化应用而迅速发展的新兴产业代表。

4. 第四次长周期

第四次长周期时间为 1948—1991 年，其核心投入要素是石油，主导产业是汽车业和石油业。由于钻采和分离技术的限制，1862 年，世界石油产量仅 300 万桶。随着一系列技术的突破和发明，在第四次长周期的上升阶段，石油产量迅速增长，石油工业增长速度超过了世界工业的增长速度，石油价格大幅下降。同期，内燃机的发明和广泛应用，推动了内燃机汽车成为汽车产业的主导，有力促进了汽车业的快速发展。

5. 第五次长周期

第五次长周期从 1991 年开始，核心投入要素是芯片，技术基础是计算机、软件、微电子、互联网和移动电话等技术。而第五次长周期的主导产业发展，仍然得益于前次长周期中芯片设计和制造方面的一系列创新。正是有了 1971 年英特尔微处理器的问世，信息产业才得以快速发展。

（三）长周期中经济与技术变革的判断

对 5 次长周期演变中技术变革的作用进行分析可以看出，每一次技术变革都是新技术、新产品、新产业和新基础设施的快速发展，共同催生出新的产业和新的发展模式。

按照长周期理论，目前世界经济仍然处在第五次长周期的上升阶段，信息与通信技术仍然是推动经济增长的主导力量，其潜力和作用尚未得到充分发挥，创造财富的阶段还没有进入报酬递减时期，我们仍需关注和支持信息与通信技术的发展，推动重大产品的研发和产业化，释放其助推经济的能量。

同时，经济学界对第六次长周期的技术预测方向是生物技术、纳米技术、绿色能源技术等，时间上预计在2030年左右，这也需要我们给予高度关注和提早部署。

二、当前金融危机中技术变革战略性部署的特点

应对当前的国际金融危机，世界主要国家均采取了“一揽子举措”，不局限在一时的经济复苏，而是通过研究经济发展的周期性规律，寻找下一轮经济增长的动力，科学判断技术变革的潜在突破方向及其对未来产业发展的带动效应，凝练目标，突出重点，加紧部署，试图通过支持技术变革、抢占制高点，进而把握新一轮国际竞争的战略主动权。

（一）高度重视提高生产率

从历史上看，工业革命以来，主要发达国家的迅速崛起都是以生产率的倍增为起点。1913年，美国诞生了将标准化、流水线和科学管理融为一体的“福特制”，劳动生产率出现质变，工业产值一度占到世界总量的一半以上；第二次世界大战后，日本依靠生产率提升实现赶超目标，1960—1975年的劳动生产率年均增长率高达11%。同时，生产率的变化也与国家兴衰息息相关。20世纪70年代，即使是鼎盛时期，苏联的工业生产率也只有西方国家

的 25%，农业生产率更是仅有美国的 1/7。与之相比，2007 年，“金砖四国”（中国、俄罗斯、印度、巴西）的平均生产率增幅达 8%，远高于“西方七国”，综合国力实现了大幅提升。

在此次应对危机的过程中，主要发达国家重新审视生产率的基础性和战略性地位，从国家经济命脉的层面采取了一系列刺激措施。美国奥巴马政府提出将生产率作为衡量经济体制的重要依据，重点扶助生产率较高的企业，以此提升应对金融危机的效果。欧盟“里斯本议程”主张通过提高生产率等措施，推动欧盟成为最具竞争力和最有活力的知识型经济体。美欧等国还更加重视中小企业在保障生产率和就业率方面的重要作用，积极采取政府采购、鼓励研发、税收减免、贷款担保等措施。

（二）聚焦本次和下次长周期的关键技术领域

如前所述，第五次长周期的关键技术集中在信息和通信领域，而第六次长周期公认的、潜在的关键技术则是生物技术、纳米技术、绿色能源技术等。金融危机后，美国、日本、欧盟等世界主要经济体更加关注这些领域的技术变革和产业布局。新能源产业被视为“领导 21 世纪的技术革命”“可能的未来主导产业”；生物产业成为国际金融危机中的高抗风险产业，全球生物产业销售额几乎每 5 年翻一番，增长率是世界经济平均增长率的近 10 倍；纳米技术潜力巨大，据之前的预测，2014 年全球纳米技术市场规模有望达到 2.6 万亿美元，将占全球制造业的 15%。同时，信息技术仍然有新的发展空间，通过高速化、微型化、一体化和网络化，继续发挥支撑经济发展的重要作用。

为此，主要发达国家将技术变革的关注点聚焦到上述领域，既兼顾本次长周期的信息和通信产业，又瞄准下次长周期的新兴产业，结合各自的优势和实际全面部署。美国把发展重点集中在生物、先进能源、纳米、信息等领域；欧盟则更加关注信息通信、生物与健康、能源与环境、纳米与材料等领域；日本的技术和产业关注方向放在了生命科学、信息通信、能源、材料和纳米等领域。同时，韩国、印度等国也加紧了部署，侧重点在新能源、生物制药、新材料与纳米融合、绿色制造等领域。新一轮技术变革的领域更加明确和凝练，竞争愈加激烈。

（三）培养高素质人才，提高劳动者技能

危机时期是集聚人才的最好时机，也是培育经济崛起核心力量的关键时期。一方面，世界各国都在尽力避免本国优秀人才外流。例如，美国新一届政府通过加大基础研究投入等措施，营造更加良好的科研环境，以留住更多科技人才。另一方面，很多国家通过修改移民政策、放宽技术移民限制等方式，加大吸引人才力度。例如，意大利为吸引本国公民回国工作，制定了科研人员的专项奖励政策，并为在意大利境内从事科研活动的外国人制定了税收优惠政策。各国普遍认为，人才流失将比金融危机更加可怕，只有掌握智力资源，才能保住产业根基和经济命脉，才能占

领未来经济增长的战略制高点。

在关注高端人才的同时，主要发达国家也更加关注劳动者技能的提升，更加重视教育和培训。英国工党政府连续发表技能战略白皮书，加大政策和财政投入，保障绝大多数劳动力获得教育或者培训，提升继续教育和职业培训的实际效果，此外还对实施技能培训和提供实习机会的企业给予财政补贴。英国、法国、德国等都制订了协助学校与产业界合作推进职业培训的计划，更加关注专业技术人才和高技能人才的培养，为新一轮产业发展提供坚实的人才保障。

（四）中央财政加大高新技术研发投入

金融危机的蔓延使更多国家认识到，研发经费不是“支出”而是“投资”，是对未来经济复苏崛起的投资。很多国家力保研发预算尽可能不被削减，甚至还在增加研发预算。2009 年 2 月，《美国复苏与再投资法案》提出，联邦政府将投资 900 亿美元用于新能源技术的发展，并计划投资 190 亿美元推广应用医疗信息技术，实现美国医疗数据的电子化；日本政府 2009 年度的科技预算比上一财年增长了 6.7%；法国政府承诺未来 4 年政府公共财政科研投入每年增加 18 亿欧元；英国政府计划到 2014 年将研发投入从目前的 GDP 的 1.8% 增至 GDP 的 2.5%；德国也计划将研发投入增至 GDP 的 3.0%。

从研发投入的结构上看，在企业等私营部门研发投入减少的情况下，创新资金更多来自政府等公共部门。据统计，2009 年企业等私营部门研发投入下降 3.0%，而政府直接投入或者国有控股资本增加了 10.7%。之所以主要发达国家更加重视加大研发投入力度，重要原因就是早在工业化后期，美国、英国、日本等国家正是通过持续、超强度的研发投入，实现了经济的迅速发展。在 10 年左右的时间里，尽管同期经济增长速度很快，但是研发投入占 GDP 的比重还是从 1% 增长到 2% 左右，为国民经济质量的整体提升奠定了长久、坚实的基础。

（五）维护竞争环境和国际竞争秩序

金融危机后，西方发达国家凭借在高新技术领域的领先优势，更加注重利用技术限制、知识产权和标准等手段，抑制发展中国家的技术变革和经济发展。特别是后金融危机时期，鉴于技术变革带来的综合国力竞争和全球价值链地位竞争更加激烈，以技术贸易壁垒为主要手段的新贸易保护主义重新抬头。同时，针对气候变化、发展低碳经济等国际重大问题，发达国家已着眼建立有利于维护自身竞争优势、强化其霸主地位的技术、贸易等方面的国际新规则，从而形成对新一轮国际竞争的统治优势。

金融危机以来，主要发达国家对别国经济刺激措施的关注点也集中在这些方面。例如，欧洲国家对美国救助汽车业和现行财政刺激方案中的保护主义条款高度敏感，认为其有碍自由贸易和竞争，明确要求美国慎重对待。同时，印度、巴西等发展中大国也开始关注国际技术、贸易的规则制定权和参与权，不断巩固自身话语权，在一些领域的政策和外交取向也逐渐向发达国家靠拢，对其他发展中国家的知识产权保护、创新政策出现指责和非议。

三、启发和思考

经过 30 多年的不懈努力，我国经济实力取得长足进展，国际地位和影响力与日俱增。特别是金融危机以来，随着我国经济总量进入世界前 3 位、经济实现率先复苏，国际上对中国的崛起更加关注，也有学者提出了 G2 的概念。从国际经济竞争的总体态势看，一方面，我国的经济发展确实达到了前所未有的高度，政治、外交、科技等方面的实力取得了明显突破，国际地位和国家声望不断提升。另一方面，主要发达国家和发展中国家的敏感程度逐渐提高，技术限制、贸易摩擦、外交争端时有发生，我国经济发展的国际环境更加错综复杂。

综合前述的理论研究和实证分析，在当前复杂的国际环境下，中国的经济发展必须保持长期稳定的态势，必须通过转变经济发展方式、调整产业结构，加快提升经济发展质量和抵御风险实力，以更加广阔的国际视野、更加睿智的世界眼光、更加科学的战略部署，全面实现经济又好又快发展。

（一）始终坚持自主创新战略

党的十七大明确把提高自主创新能力、建设创新型国家作为国家发展战略的核心和提升综合国力的关键，金融危机以来，中央更是把科技作为应对金融危机的标本兼治的重要措施，科技优先发展的战略地位进一步强化，自主创新逐渐成为各级政府和社会各界的共识，创新型国家建设的战略布局基本形成。但是，根据我国创新型国家建设进程的综合评价，在 R&D 经费总量占全球总量 95%、GDP 总量占全球总量 92% 的 40 个主要国家中，2008 年我国的国家创新能力排名仅为第 21 位，距世界最主要创新型国家还有相当大的差距。

面对后危机时期，主要发达国家更加重视重点高新技术领域的布局，更加重视巩固核心关键技术的领导地位，更加重视占据全球创新链和产业链的高点。从发展历程上看，单纯地跟踪和模仿很难满足经济快速发展的需求，核心关键技术受制于人必将阻碍综合国力和国际竞争力的提升。后危机时期的中国发展，应当继续坚持自主创新的发展战略，坚定地走中国特色的自主创新道路，不断提升原始创新能力和集成创新能力，尽早摆脱核心技术受制于人的困局，加快创新型国家建设进程，更好地服务于经济社会的健康快速发展。

（二）采取差异化措施，加快培育和发展战略性新兴产业

20 世纪 70 年代开始，美国的两位学者阿伯纳西和厄特拜克依据长周期理论的研究，分析了部分行业案例之后，提出了产业创新动态过程模型（即 A-U 模型）。该模型认为，在产品生命周

期的流动阶段、转换阶段和特性阶段，企业的产品创新与工艺创新的侧重点不同。同时，政府培育新兴产业的过程中，由于新兴技术从研发到产业化再到产业链拓展存在溢出效应，其对相关行业将带来明显的拉动作用，因此，不同领域的新兴技术所处发展阶段有差别，其对关联产业的带动作用也有不同特点。

当前，我国正在推进战略性新兴产业的培育，初步选择了一批产业作为近期的重点。应认真分析不同产业所处的发展阶段，特别是产业的核心关键技术所处的阶段，科学、合理、有针对性地制定每一个战略性新兴产业的规划和政策。从初步分析看，新能源、生物产业处于孕育阶段，信息产业处于发展阶段，节能环保、新材料、高端装备制造产业处于成长阶段，应当依据不同阶段和技术特征，制定相应的目标和划定发展重点，确定差异化的组织模式、投入方式、政策激励机制，统筹考虑产业布局和区域布局的关系，加快战略性新兴产业的发展。

（三）更加重视人才培养，提高生产率

根据国际劳工组织和大企业联合会报告，近年来我国劳动生产率年均增幅在9%左右，远远高于发达国家1.0%～1.5%的增幅，1996—2006年，我国生产率累计增幅达50%，这也是我国制造业在国际竞争中占有一席之地的重要原因。但是，我国生产率也存在明显的问题：劳动力成本年均增长10%左右，劳动力成本优势逐步弱化；生产率增长主要源于劳动者工作时间的增加；劳

动者每年创造的人均产值仅为美国的 13.6%。从发达国家的经验数据看，生产率特别是劳动生产率的提升在促进经济增长方面发挥着乘数作用。

当前，我国在重视高层次人才引进和培育的同时，也应更加关注高技能人才的教育培训，全面提升基础性创新人才的素质和能力。要充分发挥科技进步、学历教育等方面的作用，重视以本科毕业生为主体的基础性创新人才队伍建设，培育创新技能，改变原有的以低成本、处于价值链低端为特征的劳动力优势，形成新的以高素质、高创新能力、进入价值链中高端为特征的人力资源优势，优化劳动力的基本结构，提升竞争力。同时，加大职业培训、岗位培训的力度，提高技术工人和专业技能人才的素质，提高劳动生产率，转劳动力成本优势为生产率优势。

（四）适应和加强全球创新体系的规则塑造

金融危机后，在全球主要经济体出现下滑的情况下，我国的经济逆势上涨，专利申请、商标注册、工业设计等科技创新活动依然保持旺盛势头，迅速跃居世界前列，成为拉动全球科技创新的重要力量。同时，我国在核心技术、成果转化、创新机制等环节与主要经济体之间仍存在一定差距，在国际技术和研发规则制定中的话语权偏弱，部分高新技术领域的技术对外需求依然存在，因而不时面临来自西方的知识产权保护、气候变化、自主创新政策等方面的压力，部分发展中大国也在少数领域与我国出现了分歧，后危机时期自主创新的国际环境复杂多变。

挑战必然与机遇并存。随着此次金融危机对国际创新格局的影响，全球创新体系必然需要调整，创新红利也将重新分配，这正是我国全面参与国际创新规则制定的重要机遇。应当顺势而为，发挥我国自身的优势，积极倡导并参与国际合作，主动设置议题，提出政策导向。一方面，推动气候变化、能源资源安全、重大疾病预防等全球重大性挑战上的国际科技合作，更好地发挥主导性作用，参与新兴高新技术领域的国际标准和技术规则的制定。另一方面，重视与发达国家和部分发展中大国在知识产权、自主创新政策等方面的关系，加强双边和多边合作，突出各方的共同利益，坦承对话，妥善处理分歧，在创新规则的调整中积累资源，化被动为主动；进一步加强对周边发展中国家和不发达国家的科技援助，体现负责任姿态，赢得更加良好的舆论环境。

（五）进一步加大科技创新的投入力度

“十一五”以来，各级政府进一步加强了财政对科技创新的投入，引导和带动全社会研发投入大幅增长，投入的绝对量显著增加。但是，财政科技投入尚未达到法定的增长目标，企业和社会创新投入严重不足，从目前看，“十一五”规划提出的研发投入占 GDP 的比重达到 2% 的目标难以实现。然而，金融危机后，主要发达国家的研发投入，特别是政府的研发投入大幅增加，坚持把研发投入放在经济刺激措施的重要位置，我国虽然也加大了投入力度，但目前每年人均研发经费仅相当于日本和德国的 1/8 左右。

2009 年，虽然我国的人均 GDP 将超过 4000 美元，但总体上仍处于工业化的中后期。如前所述，欧美发达国家在工业化后期正是通过持续的高强度研发投入，才迅速实现了经济崛起。中央财政应当进一步加大投入力度，保持稳定增长态势，同时引导地方财政和企业加大研发投入，采取多种政策手段，鼓励社会资本投向科技创新。应当学习和借鉴发达国家的经验，在第五次长周期的后半段，即 2030 年之前，始终保持财政对研发的高强度、稳定增长的投入，切实满足重点领域技术研发的资金需求，为下一周期的竞争做好战略性储备。

创新驱动之路

党的十八大提出创新驱动发展战略，国家高新区肩负起率先实现发展方式转变、产业转型升级、探索新驱动力的使命和责任，由此也进入了新的发展阶段。新形势下，国家高新区面临着新的历史机遇，但也遇到了如何发挥科技创新核心驱动力的新问题，迫切需要进行系统梳理和科学分析。

一、国家高新区的实践成效

20多年来，国家高新区坚持改革开放和自主创新，实现了高新技术产业快速发展壮大。2010年，国家高新区技工贸总收入达到10.59万亿元，工业增加值达到2.14万亿元，约占全国的11.5%，产品出口额达2648亿美元，约占全国的16.8%。

——形成了国家高新技术产业主要基地，催生了一批有影响力的产业集群。国家高新区集聚了全国50%以上的高新技术企业，贡献了20%～50%的高新技术产品产值，已成长起一批竞争力强、市场占有率高的产业集群。

——探索了又好又快的发展模式，实现了效益和速度的统一。

2010 年，国家高新区万元 GDP 能耗 0.5 吨标准煤，仅为全国平均水平的一半，实现了土地资源的高效利用，生态建设稳步推进，为实现又好又快发展提供了成功的示范。

——区域经济增长极的作用日益突出，辐射带动了区域的科技创新与发展。国家高新区集聚了 700 多家工程技术（研究）中心和开放实验室、近 300 家技术测试平台，通过产学研合作、技术交易、产业配套、管理模式输出等方式，成为服务和带动周边地区科技进步的重要力量。

——构建了以企业为主体的技术创新体系，创新活动非常活跃。2009 年，国家高新区的企业研发投入占全国研发投入总量的 1/3；区内企业获授权发明专利 16 020 件，占到国家全部企业获授权发明专利总量的将近 50%；万人专利拥有量接近先进国家的水平。

二、国家高新区创新驱动发展的思考

国家高新区进一步提升科学发展水平。坚持以增强自主创新能力为核心，培育和发展战略性新兴产业，壮大高新技术产业集群，探索经济发展新模式和辐射带动周边区域新机制。

着力提升自主创新能力。进一步集聚科技和创新资源，推进原始创新、集成创新和引进消化吸收再创新。在国家高新区内布局和优先支持一批国家科技重大专项、重大科技基础设施。支持新型产业组织、企业、科研机构参与国家重大科技项目，承担重大科技研发任务。

培育和发展战略性新兴产业。优先支持一批战略性新兴产业重大工程和项目，围绕重点领域，掌握一批核心技术，创制和应用关键技术标准，培育产业创新集群，率先形成核心技术体系和领军企业群体。大力发展现代服务业，提高服务业的比重和质量，促进服务业与制造业融合发展，促进产业结构优化升级。

加速成果转化和产业化。深入实施国家技术创新工程，加速建立以企业为主体、市场为导向，政产学研用相结合的技术创新体系，推动科技成果向现实生产力转化。在国家高新区发展一批产业技术创新战略联盟，推动国家工程技术研究中心、国家重点实验室建设。鼓励高等院校、科研机构开放科技创新资源，推动公共技术服务平台建设。大力培育创新型企业，带动企业提高竞争力。

加强人才队伍建设。树立人才资源是第一资源的理念，支持国家高新区建设一批创新人才培养示范基地，引进、培养、聚集一批高层次创新人才、开发性创业人才和战略性新兴产业领军人才。探索国家高新区内转制院所、国有高新技术企业实行股权和分红激励政策。

营造良好的创新创业环境。支持国家高新区生产力促进中心等技术创新服务机构建设，开展专业化服务，探索科技型中小企业加速成长机制。推进大学科技园、科技企业孵化器等载体建设，提升孵化和培育中小企业的能力。发挥国家高新区在实习实践、职业培训、继续教育中的作用，促进高校学生科技创业和就业。积极营造鼓励创新、宽容失败的创新创业氛围。

坚持精简高效的管理体制。国家高新区的管理机构应代表所在市人民政府对国家高新区实施统一管理，根据授权行使同级人民政府的经济管理和行政审批职权。强化政府职能转变，扩大公共服务范围，探索与国家高新区创新发展相适应的社会管理机制，促进所在区域的和谐发展。

增强可持续发展能力。国家高新区在规划、开发、建设中应严格执行国家环保产业政策，实现节能、降耗和减排，保护生态环境。实行严格的环境保护评价和项目环境准入制度，严禁高耗能、高排放的项目在国家高新区内落户。鼓励国家高新区内的企业高于国家标准做好环境保护工作。

加强财税和金融扶持。支持国家高新区开展科技与金融结合试点。积极推动国家高新区内具备条件的非上市股份公司经批准进行股份公开转让，推广发行科技型中小企业集合债等直接融资方式。推动银行贷款模式创新，完善质押评估管理办法，开展股权、知识产权等无形资产质押贷款试点。深化科技保险试点，完善科技型中小企业贷款担保。

发挥辐射带动引领作用。国家高新区要加强创新要素的转移和扩散，促进产业链延展，带动周边区域协同发展，加快形成若干区域创新中心，培育有优势、有特色的高新技术产业集群。要统筹城乡发展，更加关注民生和就业。

提升国际竞争力。国家高新区要加强与国外科技园区、科研机构的合作，探索建设海外科技园，促进创新要素的互动和交流。鼓励外商投资企业参与国家高新区建设，引导其设立地区总部和研发机构。支持国家高新区内的企业参与国际标准创制，培育国际知名品牌和有全球市场影响力的大企业。

产业生态系统

构建基于科技创新的产业生态系统，推动科技成果的加快转移转化，激发和释放全社会的科技创新创业潜能，培育和打造经济发展的新动能，实现新技术和新产业的持续健康发展，促进国家高新区的建设及新业态蓬勃发展。

一、视角

产业集群。产业集群是产业发展，乃至经济和科技发展的重要载体，自 1890 年马歇尔从“外部经济”角度阐释这一问题起，学术界、产业界日趋关注此类命题。例如，波特系统地提出了新竞争经济学的产业集群理论，明确了产业集群的核心内容是其竞争力的形成和竞争优势的发挥。在产业集群的分类方面，主要观点有按照集群内部的产业关系分类（横向、纵向）、按照集群内个体组织和关联结构分类（马歇尔式、轮轴式、卫星平台式）、按照企业性质分类（制造业、销售业、混合型）等。在产业集群与创新的关系方面，熊彼特的创新破坏性论断、魏后凯的我国集群亟须提升自主创新能力、孟浩的集群对企业创新的负效应及鞠芳辉的集群促进创新的边界条件，都在分析产业集群与创新的关系。

产业生态。产业生态的概念最早由美国学者艾尔斯提出，20世纪90年代以来逐步在研究产业发展领域中使用，1998年，中国台湾地区学者杨丁元、陈慧玲运用产业生态的概念，系统分析了新竹科学工业园区的产业发展。近年来，学术界对产业生态发展的研究逐渐增多。一方面是对产业生态化发展的关注，发展成为专门的理论体系；另一方面是用生态学的理念阐释产业经济运行的内在规律，从高科技产业生态要素、区域产业生态、要素催化机制、服务业的产业生态等角度开展了系统探索，形成了一些分析方法和案例。

科技服务业。科技服务业是面向科研活动和创新的全链条，基于市场化定位和新的服务业态演化出的新兴产业。根据分类，科技服务业大致分为9个方面，包括8个方面的专业服务，如研发、孵化、咨询等，还包括1个方面的综合科技服务。我国科技服务业的发展经历了3个阶段：改革开放以前，科技服务是科研活动的一个组成部分，是为科研活动提供辅助服务的；改革开放以来，一些科技服务业细分领域逐渐从企业内部或专业科研机构独立出来，成为专业化的科技服务组织，科技服务业新兴业态逐步形成；“十二五”以来，科技服务业成为国民经济的重要组成部分和极具发展潜力的高技术新兴产业。科技服务业发展特点：总量较小，但增速较快。同时，不同地区的发展差异较大，总体上与区域内科技创新要素的集聚强度相关，目前看科技服务业发达地区主要集中在环渤海、长三角、珠三角等地区。各细分领域发展水平各有不同，呈现出各自特色。专业化科技服务发展迅速，第三方服务趋势明显。科技服务业在专业化分工发展的基础上诞生，新型研发组织组建专业团队，整合各方资源，开展专业化的第三方服务。我国现有科技服务业业务操作不规范、缺乏标准化、难以集成的问题较突出，在很大程度上阻碍了我国科技服务业的发展。应研究提出科技服务标准，促使不同的科技服务机构能够提供相同质量、相同规格的服务，促进科技服务的规范化、模块化和标准化，为服务需求方提供鉴别服务质量、选择服务机构的依据，进而减少服务机构与服务需求方之间的信息不对称。科技服务机构业务模式创新的动力和来源是互联网，科技服务业发展的必然趋势是线下线上服务相结合。

众创空间。众创空间是推进科技服务产业、科技新业态发展，推动大众创业、万众创新的重要支撑。众创空间与产业园区、科技企业孵化器、加速器等共同组成创业孵化链条，成为针对早期创业的主要服务载体，众创空间是针对网络时代的科技创新创业需求而建立形成的新型服务平台。从国外的发展经验看，众创空间以创客为核心，是面向社会开放的创意及创意实现的场所，强调开源研发和个性制造的发展，聚焦市场需求、学科跨界。众创空间包含一种“创客”模式，其主要特征是：①产生颠覆性技术及创意。众创空间通过多学科交叉，开放、自由的“知识再造”，实现技术与创意的结合，为高校和科研院所提供开放的创新平台，为公众提供实现创意的基本条件，产生了一大批面向未来的颠覆式技术。②瞄准未来，培育新兴产业。这种有效打通和有机衔接研发链、产业链、市场链的众创空间，有利于及时获取需求市场的潜在创意机会，通过逆向工程模式开展反向研究，更好地支撑服务产品更新换代和产业发展。③企业和投资界深度参与。有企业和天使金融资本介入，使好的创意想法变成实体产品。④激发全民创新创业。这种“创客”模式是在搭建硬件的平台基础上，去实现创客的想法。有实体产业支撑，属于开源硬件而非纯粹开源创意的模式。在借鉴国外众创空间的一些经验与做法基础上，我国众创空间的发展具有如下特点：基于互联网平台的线上线下相结合，即“互联网+”的虚拟模式；在高新区等区域创新载体的基础上设立孵化器，通过孵化器将想法变成产品与产业链；投资创业环境发生改变，各类风投资本的介入，助力天使投资的发展，加大对初创期企业的低成本扶持。

二、创新型产业生态系统的核心要素

产业生态主要由 4 类要素组成，其在以往产业研究中已有相对详尽的描述，而在创新型产业生态系统中的功能具有新的内涵和特征。

企业要素。企业具有创新活跃程度高、对市场敏感和熟悉的特征，是技术创新的主体，也是产业发展的核心要素。企业要成为产业生态萌芽、孵化、成长、成熟的基本单元，并且在创新型的全新生态环境中根植融合。而实现这一功能，企业首先要面对所处产业生态的特点和内在需求，不断集聚与之匹配的资源禀赋，深化企业之间的深度关联和产业链共生，促进产业生态系统的繁衍。同时，产业生态环境下依然存在优胜劣汰的客观规律，企业随着创新型产业生态系统的壮大必然面临激烈竞争，进而激发企业基于适应产业生态环境的自适应、自调节能力，由此实现企业与产业生态环境之间的动态激励与平衡发展。

人才要素。创新型产业生态系统构建的关键，就是有效激发各类要素的有机整合，而人才要素正是实现这一目标的关键环节和重要纽带。在产业生态系统的形成过程中，由于受到依靠科技创新的路径依赖影响，人才要素成为活力源泉和智力保障：促进知识外溢和技术辐射，特别是隐性经验的扩散传播，不断丰富技术的内涵，调动技术要素在集群中有序高效转移，不断提高创新能力；激励企业要素的乘数效应，充分发挥创业领军者、企业领导者等高层次人才的作用，带动和引领企业突破式发展；激发资本要素的功能，最大限度地提供风险可控的信用保证，聚集高端人力资源，强化对资本的吸引力。

技术要素。有别于传统的产业集群和生态系统，创新型产业生态系统的本质特征就是科技创新，因而决定了技术要素的核心作用。通过新兴产业和高技术产业的演进规律研究发现，科技变革催生产业革命，一项重要新技术的产生，特别是应用领域的技术突破，可能对原有产业体系产生颠覆性影响，实现技术或者产品的全方位替代，进而冲击传统的产业生态系统，建立和形成新的产业生态。同时，随着创新型产业生态系统的新特征出现，技术要素与其他 3 个要素的内在联系也随之变化，企业获得新技术、新成果的途径更加多元化、多样化，技术与资本的融合对接更加便捷高效，人才支撑技术发展的手段与实现技术的方式更加丰富，产业生态依靠创新实现的内在保证由技术要素决定。

资本要素。分析创新型产业生态系统，人才、技术、企业 3 个要素能够明显分辨其所处的生态环境，可以充分体现高新技术的特征，即创新；而所谓的创新型表象在资本要素上体现得并不明显，资本要素催化着产业生态成长，而其对创新型生态、传统生态的基础性作用是相同的，发达、成熟的资本市场通过正催化作用，推动产业加速发展。在创新型生态中，科技与金融的结合是资本要素独有的特征，这符合创新活动内在演化规律，能够最大限度地发挥资本要素的动力作用，实现创新链各阶段与各层次基本市场有机对接。

三、创新型产业生态系统的层次结构

分析创新型产业生态系统的产业生态要素，借鉴自然生态系统有关生物生态层次划分理念，培育创新型产业生态系统的实现途径从个体、种群、群落和系统 4 个层次进行分析。

产业个体层次。聚焦集群内的企业，这是产业生态系统形成、繁衍、成长的最基本单元，包括产业的科技型中小企业、生产性服务企业、龙头企业、配套企业等。从层次演进看，生态系统中的个体通过自身不断成长，在特定阶段受到随机因素或者主观因素影响而形成空间集聚，进而相互之间的联系不断密切，从而逐渐形成产业种群。在创新型产业生态系统个体层次阶段，既要着力培育和提升企业的专业化能力，使其在生态系统产业链的相关环节更好地发挥作用与功能，又要进一步增强技术（知识）的创新和提升交流能力，在实现个体自身发展的同时加快个体向种群的演化。

产业种群层次。强调同一产业领域的企业相对集中在一定区域，具体指的是在特定的物理空间范畴，同一门类的产业个体基于内在联系和相互依赖而形成的产业群体。在创新型产业生态系统中，聚合共生相比独立生存更具优势，由此形成了产业种群形成的主要前提，产业个体即便是相互竞争的关系，集聚后也会形成多种优势，如降低生产和流通成本、形成集群式的品牌效应等，此外由于需求相对集中，获取公共技术服务的可能性能够得到进一步提高，因而培育创新型产业生态系统下的产业种群，首要途径是通过公共技术服务能力的提升，实现产业个体的集聚演进。

产业群落层次。主要是基于产业链的不同环节上实现全链条运行的需求，由处在不同位置的产业种群通过一定机制和途径聚合形成。创新型产业生态系统的群落层次，既体现了一般产业群落的集聚特征，更反映了基于创新链而形成的本质内涵。创新型产业群落的形成进程中，首先要解决的是产业种群因产业链和创新链的双重叠加效应而面临的功能融合问题，也就是要兼顾产业种群在两类链条上的不同位势和相互之间的联系，突出创新链对产业链布局的优化作用，形成创新链带动产业链的升级与科学配置，由此形成基于创新条件约束的群落集聚。

产业系统层次。产业系统是由多个产业群落构成，依托特定空间范围，具有良好外部融合性的产业整体。形成创新型产业生态系统，虽然不同群落的产业特征差异明显，但是其内在本质是相通的，那就是创新要素驱动。群落之间的联系往往通过人才要素、隐性知识（创意、管理理念）、资本要素的共享和流动来体现，而不是通过产业的关联性来实现。从实现途径分析，着力提升公共服务供给的能力，创新市场化科技服务供给的有效途径，探索和建立超越产业群落的资源与要素转移配置环境和机制，促进产业群落有机结合，推动生态系统的形成。

四、对策建议

颠覆发展理念。国家高新区在产业实力和发展水平上形成了一定的比较优势，但创新型产业生态系统尚未形成。当前，互联网的发展对传统产业领域和地域空间有着颠覆性作用。利用互联网，能够实现分布式研发、设计、生产的众包模式，对行业发展路径、生产形态、生产理念、生产路线等有颠覆性影响。过去单纯复制的商业模式在当今创业环境中已行不通。国家高新区构建创新型产业生态系统，要因地制宜，强调经济的质量和效益，特别是要创新发展思路与商业模式，避免简单盲目模仿已有模式。按照前述分析，首要对策就是科学研判产业发展的空间与时间次序，分析现有产业在创新链和价值链上所处的位置，科学判断位势提升的难度，系统考虑环境、创新要素、资源、能源的约束条件，摆脱传统行业与新兴行业分类的束缚，传统行业通过高新技术改造也能产生价值优势，优先发展的产业要明确和突出。严防多个产业齐头并进，集中有限资源，设计好产业生态系统不同产业群落的成长步骤，在不同群落中建立协同有序发展的体制机制。

科学谋划路径。建设创新型产业生态系统是大势所趋，但国家高新区面临的压力和挑战十分艰巨。从研究的分析中看，先发高新区面临转型抉择，新升高新区存在着先天不足的困境，无论比较优势如何明显，科技要素如何丰富，在谋划构建创新型生态系统的过程中，必须更加科学合理地谋划实现路径。坚持战略眼光，选准产业的切入点和成长途径，深入剖析高新区所处的经济和科技发展阶段，特别是总结已有发展路径依赖的优劣势，明确自身发展的潜力和突破口，针对已有产业生态系统的升级或者构建新的生态系统的基本路径，明确企业、人才、资本、技术等基本要素的配置方式，注重从制度层面和发展环境上进行优化整合，提升集聚的内合力和外部吸引力。在此基础上，科学论证发展路径和生产系统建设的可行性。

集聚创新要素。创新资源驱动代替生产要素驱动，依赖配置方式的变革和创新要素聚合。重视技术要素的扰动性，创造适宜技术转移和发挥外溢效应的空间，促进技术创新活力提升，增强企业的科技创新动力和能力，实现技术突破带动产品突破和产业创新。加强知识要素的集聚，建设一批与产业方向相关的科研机构，从产业个体、种群、群落到系统的演进过程，明确创新链和产业链对创新要素资源的需求，系统规划和布局与之相适应的支撑和服务体系，从单纯引进高校院所分支机构转变为建立真正的实质性合作关系。建立多层次、全方位的人力资源体系，注重打造稳定的具有专业技术、高素质技能的从业人员队伍，同时加强科技顶尖人才、产业领军人才的培养和引进。

培育持续动能。创新型产业生态系统的持续发展动能，关键是建立源源不断的企业或产业个体供给机制，重视打造创新和产业成长的原动力。研判科技型初创企业的成长规律，改变过去“重投资、轻技术”的现象，搭建公益性众创空间，为创业创新者搭建一个政策与服务平台，调动科技人员的积极性。坚持便利化的条件与低成本服务。为创新创业者提供便利的政务、科技等服务，以及低成本的场地等物理空间。以市场需求为主导，实现全要素的整合。转变创业创新的思路，建立长效的导师机制，提高导师的积极性与辅导质量。着力构建有利于科技创新创业的人文环境，营造良好的发展氛围，打造具有包容性的生态系统，更好地支撑同领域中小科技创新创业企业的发展，同时为新产业、新业态的创新型企业或者团队提供支撑平台，由此形成生态系统健康成长的持续动力。

构建国际视野。纵观全球经济科技发展，国际竞争合作带来的机遇和挑战对产业集群的冲击无可避免，国家高新区构建创新型产业生态系统必须基于国际化的背景。主动应对国际产业变革和科技革命的新趋势，面向气候变化、次贷危机、欧债危机等新情况，把握高新技术产业国际分工调整和资源配置充足的机遇，促进创新型产业生态系统国际位势的提高。综合考量和研判技术的发展预期，选择判断创新型产业生态系统的演进方向，必须坚决依靠科技创新能力和产业基础来进行衡量，既要对具有高度产业带动能力的新技术密切跟踪，又要对新概念、新技术可能产生的发展陷阱保持高度警惕。在国际合作过程中，加强以我为主的模式与框架设计，采取联合研发、科研外包等灵活方式，重视国际标准、技术壁垒、国际组织等方面的主导权和话语权，形成国际经济与科技竞争新格局的先发优势。

致　谢

文章印在报纸上的最初记忆，是童年时父亲时常在工厂自办的报纸上发些"豆腐块"，偶尔也有更高级别刊物，现在想起来或许就是那种仪式感对我产生了触动。而写作的最初记忆是"畏难"，从小学到高中的作文，特别是上台发言的讲稿，于我而言都是迫不得已，每次动笔最关注的是字数要求，凑够数就万事大吉了。那段日子里，父亲从不代笔，总是让我自己先写，之后再修改，反复的过程中，并未有增加我的兴趣，但也积累了写东西的感觉。转变发生在大学入学之初的军训，写了一篇体会，发在了军训简报上，享受着全连面前口头表扬的荣耀，也感觉写作似乎并未有想象中那么艰难。

写书的最初念头源于春晚的两个小品，1999 年《昨天今天明天》里的"我想写本书"和 2006 年《说事儿》里的"还差十万多字就结稿了"。之后在科技领域工作久了，几乎每天都能听到某位专家又发表了高水平学术文章，羡慕之余也想写点东西，甚至觊觎刊物发表。受困于专业能力和管理经验，如果写本科所学的自动化方向，实在没有拿得出手的研究；如果写工作之后科技管理的内容，又找不出创新点。纠结之中，加上毕业发文章的压力，梦想也就梦一梦、想一想了。

关于高新区的这本书的梦想实现，原因有三：其一是6年的工作经历，其二是博士论文的研究，其三是转岗到科技规划工作的思考。思前想后，需要感谢的人确实很多，有些领导和同事的名字出现在了文中，但也很难列全，谨致歉意。难忘的是共同经历过的每一天、每件事、每个会、每趟差，铭记的是伴随我成长的包容、扶助、教诲、支持，节选博士论文致谢中的一段，聊表谢意。

千古一贵，师恩如山。剪影乱，似当年，初相见，犹眼前，韶华易逝，难再青春，幸得师长顾眷，出谋划策，得以天堑通途。不以晚生迂笨，知无不言，诚意相授；不以后辈难雕，秉烛尽燃，照亮前程。所历领导同侪，思维契阔，循循善诱，工作谨严，点睛妙笔，即拯山穷水尽之地，只言片语，旋暖冰封雪飘之时，遇我辈朽木，亦化石成金。劳心劳神劳力，大恩难表，谨铭于心。

有幸在高新区和火炬事业的光辉历程中感受过、奋斗过、成长过，纵是青春已霜鬓、盛年不再来，却也无悔初衷、未负韶华。

致敬所有“高举火炬”的先行者与传承人！

2023年2月